孩子的教育

WHAT KIDS NEED TO SUCCEED

[美] 彼得·L·本森　朱迪·加尔布雷斯　帕米拉·埃斯普兰德◎著

田慧婷◎译

北京理工大学出版社
BEIJING INSTITUTE OF TECHNOLOGY PRESS

版权专有　侵权必究

图书在版编目(CIP)数据

孩子的教育 / （美）本森，（美）加尔布雷斯，（美）埃斯普兰德著；田慧婷译. —北京：北京理工大学出版社，2013.4
ISBN 978-7-5640-7514-9

Ⅰ.①孩… Ⅱ.①本… ②加… ③埃… ④田… Ⅲ.①儿童教育②青少年教育 Ⅳ.①G61②G775

中国版本图书馆CIP数据核字（2013）第049967号

北京市版权局著作权合同登记号　图字：01-2012-9020
What kids need to succeed : proven, practical ways to raise good kids
by Peter L. Benson, Judy Galbraith, and Pamela Espeland
All rights reserved under International and Pan-American Copyright Conventions.
Copyright © 2012, 1998, 1994 Search Institute and Free Spirit Publishing Inc.

出版发行 /	北京理工大学出版社
社　　址 /	北京市海淀区中关村南大街5号
邮　　编 /	100081
电　　话 /	（010）68914775（办公室）68944990（批销中心）68911084（读者服务部）
网　　址 /	http：//www.bitpress.com.cn
经　　销 /	全国各地新华书店
排　　版 /	博士德
印　　刷 /	三河市华晨印务有限公司
开　　本 /	670毫米×960毫米　1/16
印　　张 /	16.5
字　　数 /	280千字
版　　次 /	2013年4月第1版　2013年4月第1次印刷　　责任校对 / 陈玉梅
定　　价 /	32.00元　　　　　　　　　　　　　　　　　责任印制 / 边心超

图书出现印装质量问题，本社负责调换

序

这本书的意义简单而又深远。我们逐渐发现,让"好东西"在儿童心里发芽生长和防止"坏东西"滋生蔓延同样重要,甚至更重要。20年后,这将需要做大量的研究工作,并成为帮助儿童在生活中获得成功的一项全球运动。

这个想法来自于富有远见的彼得·L·本森,他是我的同事,更是我相交25年的良师益友。遗憾的是,彼得已于2011年10月2日去世。这本更新版《孩子的教育》献给一生致力于孩子们的快乐、健康和成功的彼得。

研究与实践的结合

《孩子的教育》第一版是在20世纪90年代初,由研究所和自由精神出版社的一次合作开始。当时,彼得带来了他关于发展性资产的新研究及如何构建的想法。(正如您将要从本书中读到的,发展性资产为了解如何培养孩子成功,搭建了一个基础研究的框架。)我们在自由精神出版社的同事朱迪·加尔布雷斯和帕米拉·埃斯普兰德带来了关于父母、老师、有爱心的成年人之间实践经验交流的丰富知识。真是完美的组合,这本书已经帮助成千上万人实现了资产建设。

早在多年以前,研究所已经开始专注300多万名生活在北美和全

世界乡村里的年轻人的资产。《孩子的教育》第三版中最近的调查对象是89 000名生活在美国的青少年儿童。但研究只是其中的一部分，同样重要的是那些通过自身资产建设而受益的人。接下来讲几个他们的故事：

▲在加利福尼亚州圣何塞市，数以千计的父母经常聚集在彼此家中相互支持、学习有关资产的育儿知识。他们在表达对孩子的期望与担忧的同时也在自我成长。他们讨论如何支持自己的孩子、制订执行目标、培养价值观等。"能给予他们做些简单事情的信心，这确实是不一样的。"项目协调员说。

▲在发展性资产的启发与指导下，科罗拉多州的一个基督教青年会开始提供给所有六年级学生为期一年的免费会员，这样，他们能够在一个安全、有关资产的项目中，缓解过渡到中学的压力，并从同龄人、成年人的榜样中得到"学习、开发、提高终身学习技能"的知识。

▲加拿大皇家骑警开始运用有关资产的方法同那些做得好的孩子们沟通，而不再仅仅是当他们犯错的时候。

▲从加利福尼亚州到缅因州，学校领导正在运用资产建设来鼓励学生成功，而不再运用成绩差距。他们让学生扮演领导的角色，加强师生关系，建立一个安全的学习氛围。

▲通过以资产为基础的权力方案，生活在孟加拉国的贫困女孩子

> 一旦这些思想充斥你的身心，将一直伴随你，你的生活方式和时间观念会有所改变。本书将为您全面展现这一点。

找回了自我，发现了新机遇。

▲在美国的俄克拉荷马州，发展性资产鼓励年轻人研究、创造、分享媒介素养教育项目，使青少年儿童在日常生活中运用媒介，善于提问，不轻信广告。

> 尽管在技术、政治、科学、流行文化领域有许多变化，但都与资产建设有着密切的联系，并且在被引入的20年后，其势头越发强劲。为什么它会如此具有附着力？

▲加拿大多伦多市的一个男子学校，运用发展性资产来帮助年轻人，这一方式越来越受欢迎，并在学校里营造出一种健康的氛围。此项目一举成功，令其他学校纷纷派代表参观学习。

▲弗吉尼亚州的汉普顿市以资产为基础，聘请青年人成为城市规划者，帮助其他城市的人民和被选举的领导人做研究，提出城市建设规划的意见。同样的，在康涅狄格州的中心镇，当市长了解到只有19%的中心镇里的青少年儿童被社区所重视后，有12个市董事会和委员会增加了年轻人的数量。

鼓舞人心的例子层出不穷，更加令人振奋的是，优秀的人们在共同帮助孩子们成功。挑战从现在开始，前方的路还很长，拥有足够发展性资产的年轻人还太少。通过不断地学习（包括从本书获得信息）我们可以得出这样的结论：年轻人只平均拥有半数的资产。所以，我们可以并且必须做得更好。这就要求我们每个人在生活中要同年轻人一起，为他们找出构建资产的方法。这些想法和灵感就是本书将要告诉大家的，也是我们要去做的。

20多年的成功经验

很多事物坚持不到20几年。1990年，资产释放的那年，第一批土星汽车被投放市场；玛格丽特·撒切尔辞去了英国首相一职；东德并入西德，德国正式统一；第一次海湾战争还没有开始；"万维网"出现，但我们大多数人还没有听说过电子邮件或互联网；乔恩·邦·乔维、比利·乔、加斯·布鲁克斯统领无线电台，而我们中的大多数人还在听索尼随身听里的卡带。然而，尽管在技术、政治、科学、流行文化领域有许多变化，但都与资产建设有着密切的联系，并且在被引入的20年后，其势头越发强劲。为什么它会如此具有附着力？

作为一名家长，根据我的个人经验，可以这样回答这个问题。在我大儿子出生的那年，研究所发布了发展性资产。我和妻子身为孩子的父母，接受了这份资产。它一直在帮助我们，年复一年，更确切地说是日复一日。一旦这些思想充斥你的身心，将一直伴随你。你开始思索该如何更好地抚养教育子女。这本书不会让你买回阅读完便束之高阁，它会走入你的内心，带你通往另一番天地。

至少，它确实发生在我的身上。无论你是为人父母，是老师，是年轻的工作者，是邻居，或者其他献身于儿童事业的人，请与我一起感同身受。我们每个人都拥有一份使命，就像彼得·L·本森、研究所、自由精神出版社所宣扬的：我们每一个人、每一个家庭、每一个社区在同一时刻，为了儿童，会努力让世界更美好。

尤金·C·勒尔克普尔泰恩
明尼苏达州明尼阿波里斯市研究所代理主席兼首席执行官

引 言

孩子真正需要什么?

自第一版《孩子的教育》发行近20年来,社会在悄然改变。

尤其在当时,有谁能想象未来某一天,互联网会渗透到我们及孩子生活中的方方面面。当我们还在对脸谱(Facebook)、推特(Twitter)、谷歌搜索(Google)茫然的时候,已有太多的孩子把时间花在了智能手机和笔记本电脑上。高科技让我们受益的同时,问题和弊端也随之产生。

在这个瞬息万变的世界里,有一点恒久不变:父母对孩子的关爱。我们关爱自己的孩子、邻居的孩子、教室里的孩子、社群里的孩子等每一个普普通通的孩子。我们曾看过、听过一些惊人的报道,关于欺凌、辍学、吸毒、暴力、性病传播、未成年怀孕、饮食失衡以及自杀。当看着这些画面,看着困惑的、被遗弃的、愤怒的孩子们是那么的遥不可及,我们常常感觉力不从心。似乎没有任何计划、倡议、策略、组织能足够长久、足够坚定地一直帮助他们。

所有这一切都让人感到不知所措、郁闷、沮丧、恐惧。

庆幸的是,我们不需要再这样下去。

如果你知道能做些特别的切实的事来改变青少年的生活,而且

你又确实亲见应验了呢?

《孩子的教育》并没有应用夸张的手法,只是一个简单的陈述:积极改变的强大思想。如果你愿意尝试这些观点,你身边的青少年、社区里的青少年,甚至所有人的未来都会变得更加美好。怎样才能培养成功的孩子?其实很简单,孩子们需要的是真正关心他们的大人。

一切源于调查研究

本书基于20多年的调查研究和数据的支持。从1989年9月到1990年3月,6~12年级的学生填写了"学生生活概况:态度与行为"调查表的内容包含152项,由致力于少年儿童成长的非营利性组织研究编制,其总部设在明尼苏达州的明尼阿波利斯市。此次研究得到"关注青少年项目"(RespecTeen)的赞助,该项目是路德兄弟会(为路德教派成员提供金融和社区服务机会的机构)的一项国家计划。

来自25个州111个社区,超过46 000名学生参与了初期调查。研究结果于1990年由路德兄弟会公布,并收录在1993年研究所的《成长的烦恼:6~12年级生自画像》中。

与此同时,调查仍在继续,最终获得超过25万青少年的参与,他们来自33个州600个社区,有小城镇、郊区、大城市;双亲家庭、单亲家庭、收养家庭;贫困家庭、中产阶级家庭、富裕家庭。1994年发行的第一版《孩子的教育》即以此调查为基础。

1996年,调查进行了修订和扩大,收集了更多关于儿童生活的信息。每年都有越来越多的人想要了解究竟怎样培养成功的孩子。今天，来自全美成千上万的社区及其他国家超过300万的青少年参与了调查。这次实时数据收录在2010年

> 怎样培养成功的孩子？孩子们需要的是真正关心他们的大人。

发行的《孩子的教育》修订版和更新版第三版中。总之，最新的研究结果是来自26个州的89 000名青少年。

出乎意料的调查结果

当研究所分析20多年前第一次的调查结果时，不禁疑惑：为什么本应轻松快乐的童年生活，有的孩子却要苦苦挣扎？为什么有的孩子在为社会创造价值的时候，有的孩子却深陷危险？为什么有的孩子能在不同的情形中"获得意外成功"，而有的孩子困在自己的环境里无法逃脱？我们意识到很多因素，包括财政资源、遗传学、创伤都会影响到青少年在生活中的成功。虽然这些因素是难以改变的，但这不是问题所在。我们的研究揭示出，决定问题孩子和健康孩子不同生活的一个重要因素是拥有（或缺失）"发展性资产"。

我们通常把资产定义为"财产或资源"，选择这个词是因为我们认定其为人类发展的根本基础、青少年一生的财富。这些资产随着时间的推移而增值，为人带来安全感。它们为青少年儿童不断补充养分，帮助他们作出明智的决定，选择积极的道路，并成长为一个有能力的、有爱心的、有责任心的人。这样的资产累积，对于青少年来说，越多越好。

一开始,我们确定了30个发展性资产,后来增加到40个。这些有价值的资产是每个青少年一生所必需的。前20个是外部资产,指青少年所处的环境(如家庭、学校、社区)的支持、赋予权利、规范与期望以及帮助青少年善用时间等。外部资产如下:

支持

资产#1:家庭支持

资产#2:正向的家庭沟通

资产#3:与其他成年人的关系

资产#4:有关怀的邻里关系

资产#5:有关怀的学校氛围

资产#6:家长参与学校教育

赋予权利

资产#7:社区重视青少年价值

资产#8:视青少年为资源

资产#9:服务他人

资产#10:安全

规范与期望

资产#11:家庭规范

资产#12:学校规范

资产#13:邻里规范

资产#14：成年人榜样

资产#15：正向的同龄人影响

资产#16：高度期望

善用时间

资产#17：创造性活动

资产#18：青少年项目

资产#19：社群活动

资产#20：家庭时光

其他20个是内部资产——态度、价值、每个孩子的能力、特质。内部资产如下：

投入学习

资产#21：成就动机

资产#22：学校参与

资产#23：家庭作业

资产#24：联结学校

资产#25：乐在阅读

正向价值观

资产#26：关心

资产#27：公平与社会正义

资产#28：正直

资产#29：诚实

资产#30：责任

资产#31：克制

社交能力

资产#32：计划与决定

资产#33：人际能力

资产#34：文化能力

资产#35：抵抗力技巧

资产#36：和平解决冲突

正向特质

资产#37：个人力量

资产#38：自尊

资产#39：目标感

资产#40：积极看待前途和未来

今天，在美国有多少孩子拥有这些发展性资产？最开始他们应该至少拥有31个，但大部分只拥有20个，这是远远不够的。下面是我们的数据表：

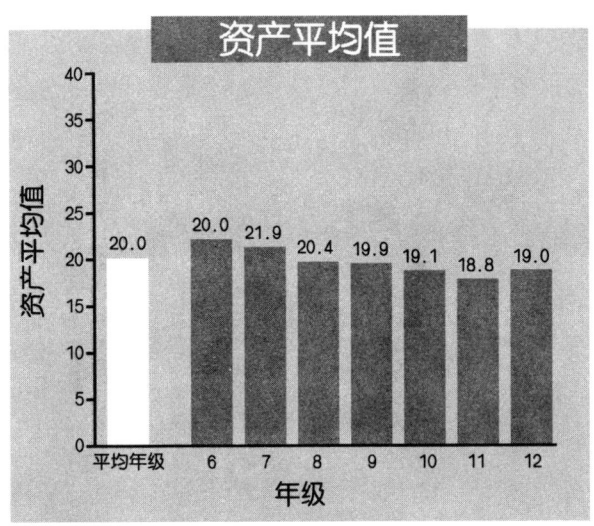

我们还了解到孩子的资产数量通常与年龄有关,年龄大的青少年比年龄小的儿童资产少,男孩资产比女孩资产少。

下面通过性别和年级来看青少年资产数:

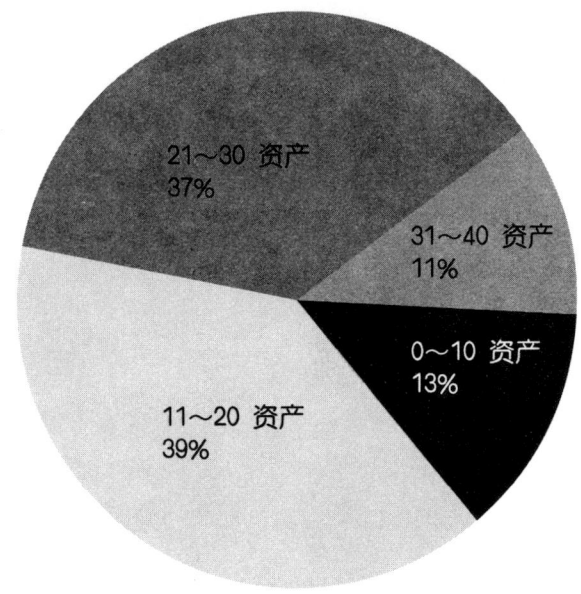

越多的资产意味着越少的问题行为

我们知道资产能真切地反映孩子的生活，但我们怎样才能知道产生效果的资产量呢？当我们在寻找青春期或成人期潜在的限制心理、生理及经济福祉的高风险行为时，研究结果体现了资产的强大力量。拥有越多资产的青少年产生的问题行为越少，请看下面的图表：

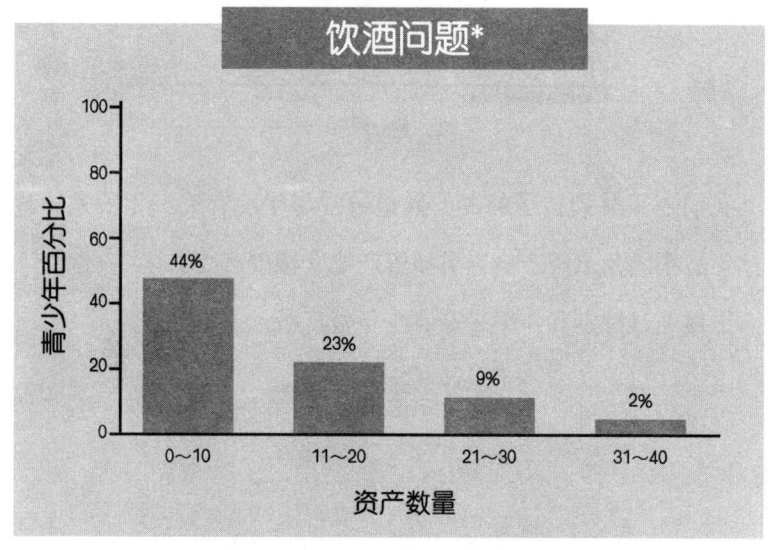

*过去30天内饮酒3次及以上或过去两周内喝醉1次及以上

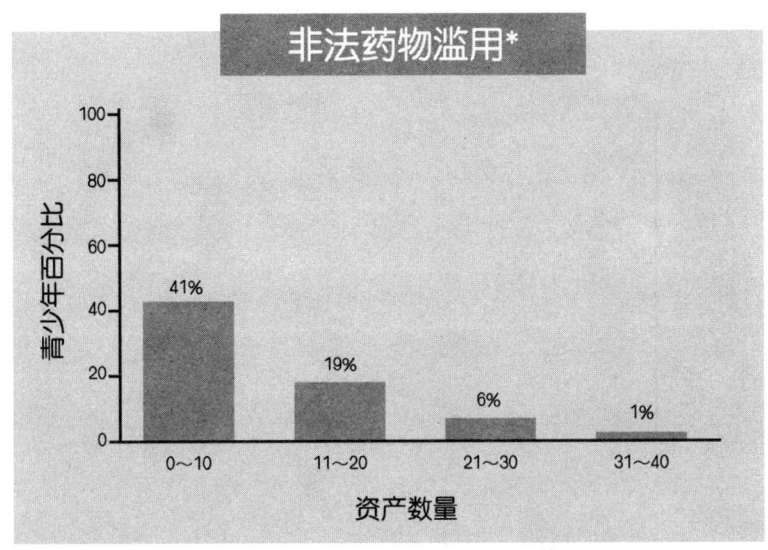

*过去12个月内多次使用非法药物

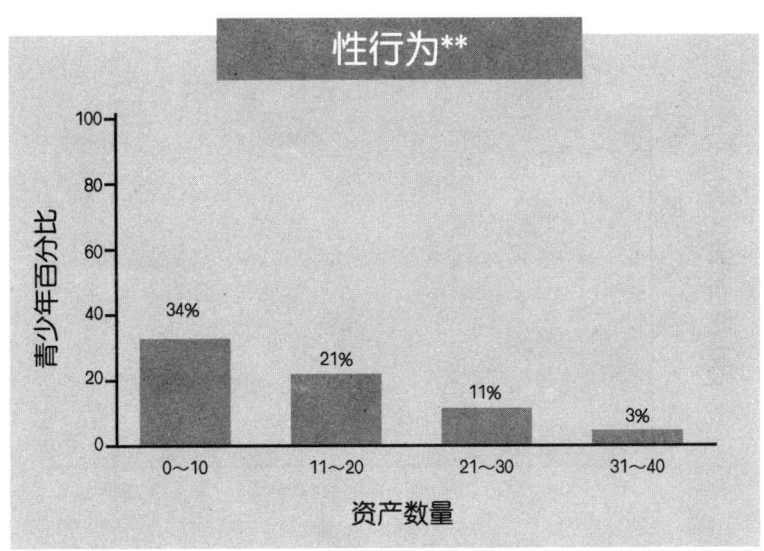

**有过性行为3次及以上

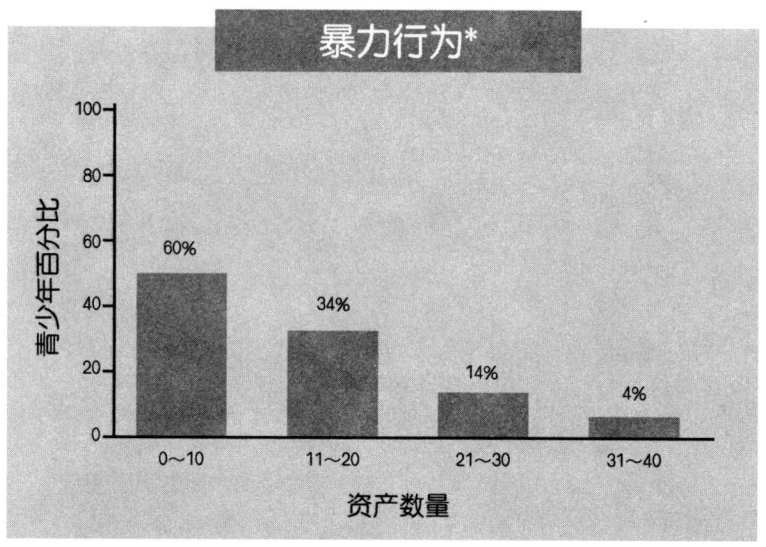

*在过去12个月里3次及以上打架斗殴，携带或使用武器，威胁人，造成伤害

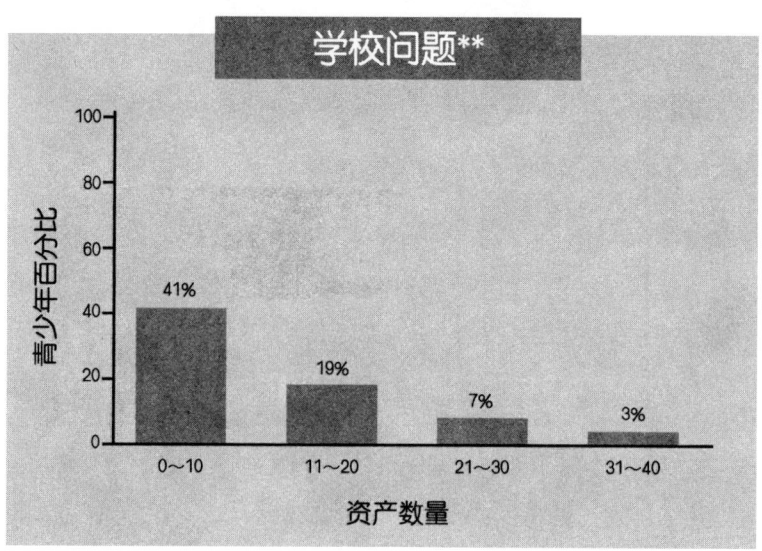

**过去4周里翘课两天及以上，并且平均成绩在C下

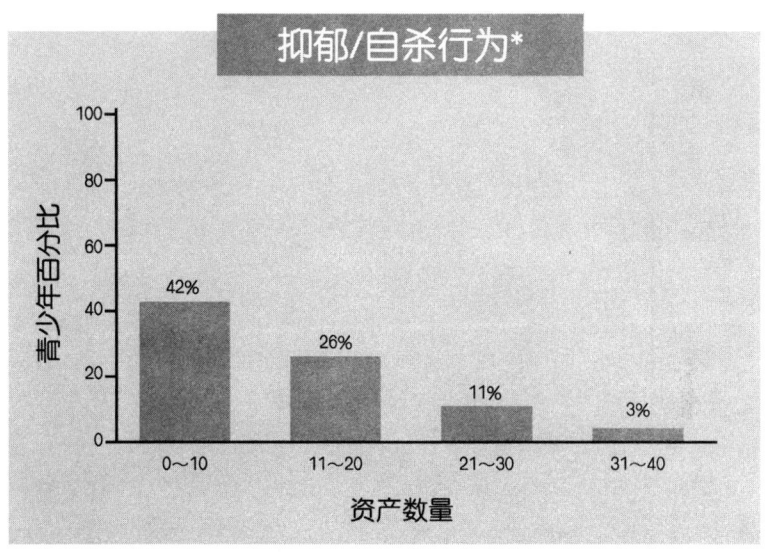

*经常感到沮丧,有自杀倾向

越多的资产意味着越多的正向行为

我们发现,发展性资产还有另一作用,它让青少年的行为积极向上。来看一组图表:

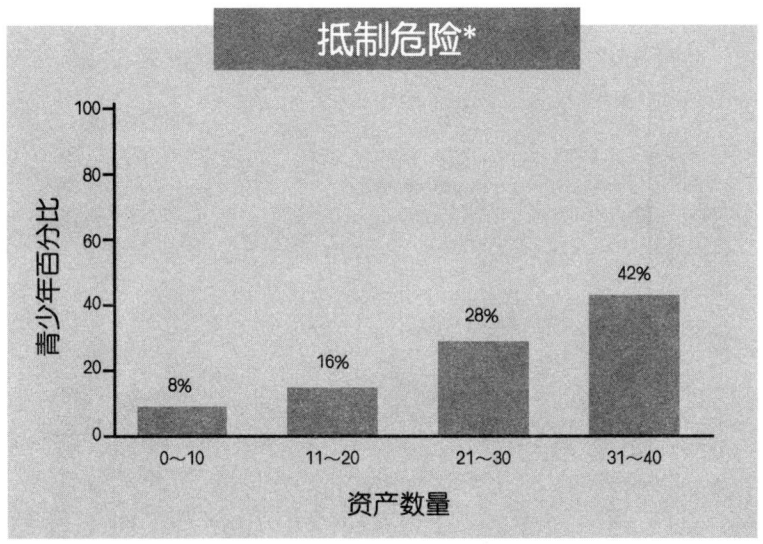

*避免做危险事情

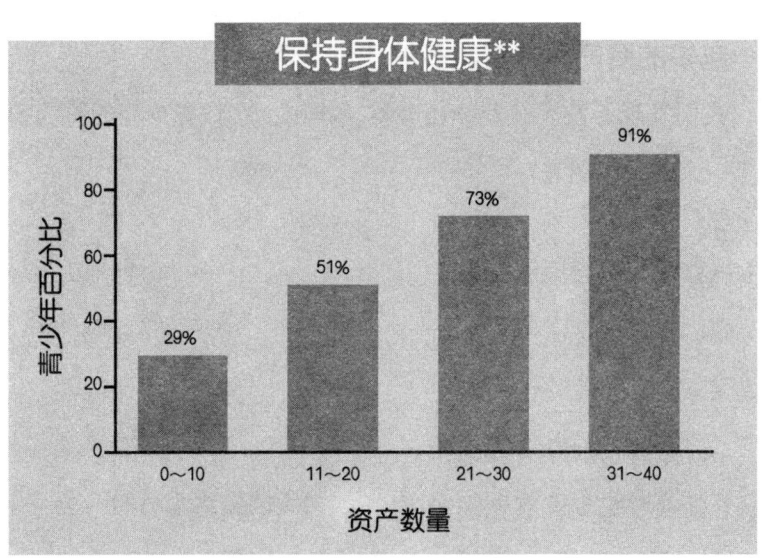

**注重健康营养，运动锻炼

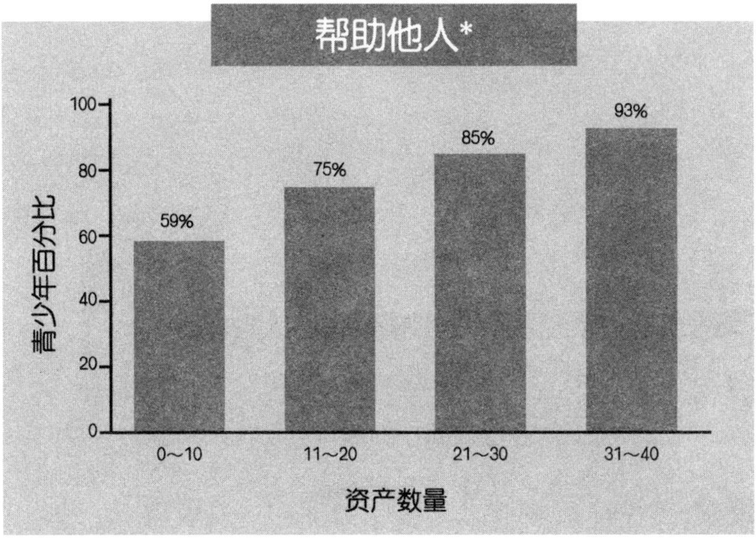

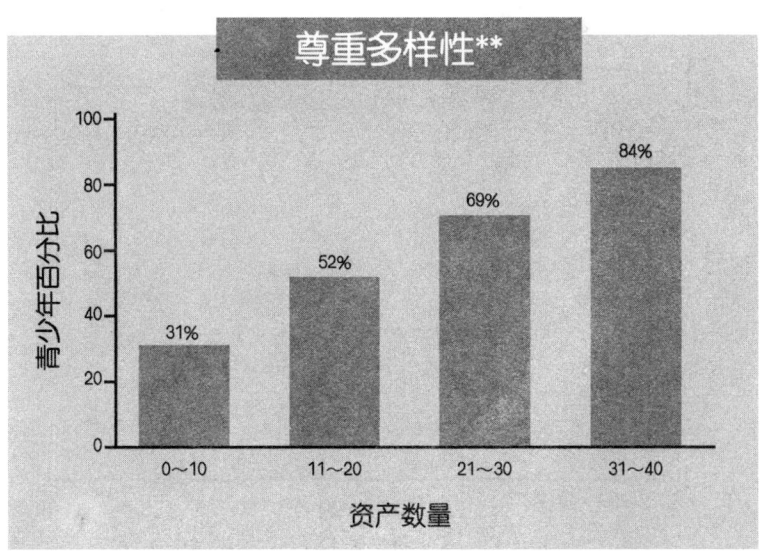

*每周帮助朋友或邻居1小时及以上

**努力认识了解其他种族和民族

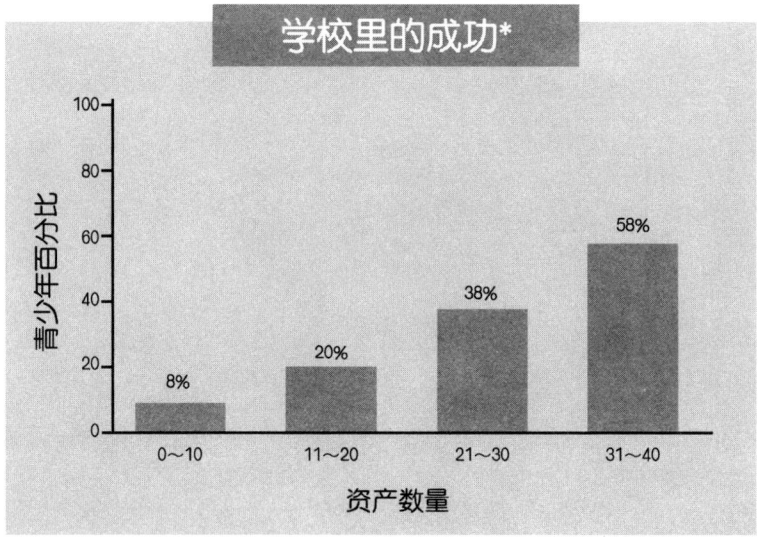

*要求每门成绩都得A

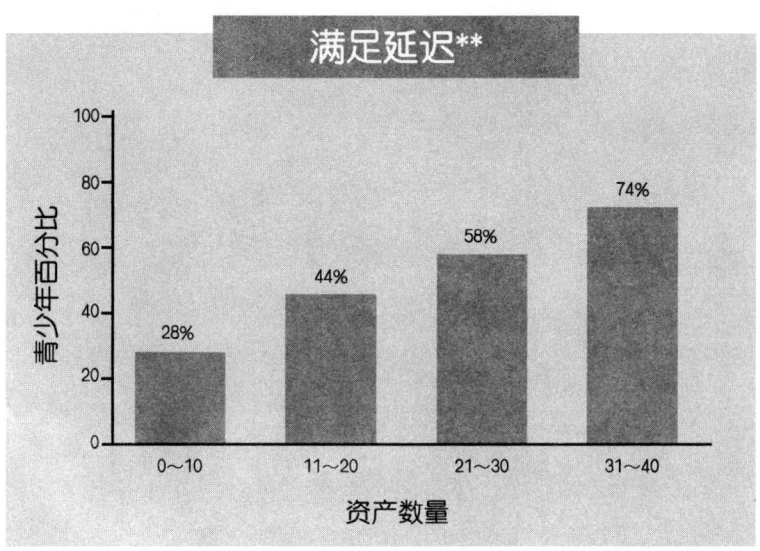

**会理财,不挥霍

你也可以成为资产建设者

《孩子的教育》描述的是资产以及为青少年搭建资产提供的具体、实际的建议。上文介绍的资产并不复杂。大部分不需要花费金钱，有一些也许是你正在做的。在书里你找不到激进的、实验性的和理论性的观点，只有帮助孩子提高的常识，即让他们成为有能力的、勇于奉献的、有责任心的、富于同情心的人。

现实生活中，还有几十种帮助青少年成功的重要资产，而本书中列出的是最佳的开始。如果孩子们能拥有其中多数资产，那他们的生活会更好。当你开始认真思考资产建设时，将会发现原来生活中有许多正向支持青少年的方法。

书中所述的观点并非适合每个人。如果其中某项对某个孩子或一小组人不适用的话，请不要气馁，继续往下阅读，我们已为家庭、学校、社区、社群罗列了900多个观点。你总会找到需要的答案，并且惊喜不断。

提示：本书并不是在尝试一个观点前，描述你需要了解和做的所有事情。例如，假如我们建议你聘用一位成年人志愿者到学校、社区组织、社群服务，你需要保证为每一个人，无论孩子还是成年人，提供一个安全、充实的环境。

如果不考虑那些关心和参与资产建设的成年人所付出的最大努力，不是每一位青少年能坚持全部40个资产。但是有一点很重要，即拥有越多资产的青少年成长得越好。这不是幻想，是由调查结果支持的事实。

从今天开始

无论你是父母、教师、社区领袖,还是想要帮助孩子的成年人,请从今天开始资产建设。鼓励青少年参与积极的有建设性的活动,灌输给他们从内心正确引导的价值观和技巧。

发展性资产背后的观点并不复杂,但并不意味着资产建设是件简单的、速战速决的事情。无论是个人还是在社区里,资产建设都需要花费有爱心成年人的时间与精力。这是值得的。

本书为父母、学校、社区和社群逐字逐句地展现了数以百计的可实践观点用以尝试。我们一直保持简明扼要的风格,因为我们把本书视为一本操作手册,而不是冗长的论文。你无须翻找步骤说明或入门指南。你只要根据自己的特定情况来选择与之契合的观点。当你为社区和需要的青少年定制了适合的资产建设,那将是最有效和最成功的。在你付诸实践之前,先问问自己资产建设的关键问题之所在:哪些资源可以利用?哪些项目活动已经存在?哪些成年人可以帮助你?聆听青少年的反馈,看他们真正需要的是什么以及应如何去帮助他们。

> **词汇的使用**
>
> 本书中,我们用家长或父母其中一方(父亲或母亲)来指孩子的主要看护人。当然,并不是所有的孩子都跟亲生父母或其中一方生活在一起。每次我们提到"亲生父母、收养人、继父(母)、养父(母)、祖父(母)、监护人或其他主要看护者"时,我们只选择简洁的称呼。当你是一位抚养和照看孩子的成年人时,"父(母)"就是对你的称呼。
>
> 本书面向大众,当你与他人分享、讨论资产信息的时候,尽可运用您感觉最舒服的字句。

我们的经验是当人们第一次了解到资产并以此改变生活的时候,总希望立即开始。以本书为出发点,在你的社区里和你的家人、朋友、邻居一起计划尝试汇总属于你们自己的观点。

在本书中,你也可以找到特殊的部分,即"给青少年的小贴士:建立属于自己的资产"。请将本书的章节与身边的青少年一起分享。大多数孩子都想要摆脱烦恼、渴望成功,当他们知道资产的强大后,会积极塑造自己的未来。

下面是6个要点,请铭记在心:

(1)每个人都可以建设资产。成年人、青少年、儿童都可以发挥作用,一个社区的资产建设需要信息一致。

(2)所有的青少年都需要资产。特别关注那些经济上或精神上匮乏的青少年是很重要的,他们能从更多资产及发展已有资产中获

益匪浅。

（3）关系是至关重要的。成年人和青少年之间、青少年之间、青少年和儿童之间的牢固关系是资产建设的核心。

（4）资产建设是持续的过程，即从一个人的婴儿期到高中，再到以后。

（5）信息一致的重要性。青少年应从家庭、学校、社区和其他重要的渠道获得一致的信息。

（6）有意识的冗余是必要的。资产在青少年一生中的各方面必须不断完善。

分享你的资产

我愿意听到您成功的故事，欢迎读者提出有关青少年资产建设的意见，请写信告诉我们书中的观点是否受用，并期望分享到您的经验与新看法。

电子邮件地址：help4kids@freespirit.com

书信地址：Free Spirit Publishing Inc.

217 Fifth Avenue North，Suite 200

Minneapolis，MN 55401-1299

自从《孩子的教育》第一版问世以来，国内外有爱心的成年人和社区已开始资产建设近20年，我们最大的心愿是将资产建设推广到全世界，为孩子们努力创造一个更加美好的未来。

那么，让我们开始吧！

目　　录

计算你的资产

给孩子和父母的清单
给儿童和青少年的清单..005
给父母的清单..008

建立外部资产

支　　持
资产#1：家庭支持..015
资产#2：正向的家庭沟通..018
资产#3：与其他成年人的关系...021
资产#4：有关怀的邻里关系..024
资产#5：有关怀的学校氛围..027
资产#6：家长参与学校教育..030
资产建设的实际应用..033
给青少年的小贴士：建立属于自己的资产..........................034

赋予权利

资产#7：社区重视青少年价值..................041

资产#8：视青少年为资源..................044

资产#9：服务他人..................047

资产#10：安全..................050

资产建设的实际应用..................053

给青少年的小贴士：建立属于自己的资产..................054

规范与期望

资产#11：家庭规范..................061

资产#12：学校规范..................064

资产#13：邻里规范..................067

资产#14：成年人榜样..................070

资产#15：正向的同龄人影响..................073

资产#16：高度期望..................076

资产建设的实际应用..................079

给青少年的小贴士：建立属于自己的资产..................080

善用时间

资产#17：创造性活动..................087

资产#18：青少年项目..................090

资产#19：社群活动..................093

资产#20：家庭时光..................095

资产建设的实际应用 098

给青少年的小贴士：建立属于自己的资产 099

建立内部资产

投入学习

资产#21：成就动机 107

资产#22：学校参与 110

资产#23：家庭作业 113

资产#24：联结学校 116

资产#25：乐在阅读 119

资产建设的实际应用 122

给青少年的小贴士：建立属于自己的资产 123

正向价值观

资产#26：关心 129

资产#27：公平与社会正义 132

资产#28：正直 135

资产#29：诚实 138

资产#30：责任 141

资产#31：克制 144

资产建设的实际应用 147

PAGE 003

给青少年的小贴士：建立属于自己的资产 148

社交能力

资产#32：计划与决定 155

资产#33：人际能力 158

资产#34：文化能力 161

资产#35：抵抗力技巧 164

资产#36：和平解决冲突 167

资产建设的实际应用 170

给青少年的小贴士：建立属于自己的资产 171

正向特质

资产#37：个人力量 179

资产#38：自尊 182

资产#39：目标感 185

资产#40：积极看待前途和未来 188

资产建设的实际应用 191

给青少年的小贴士：建立属于自己的资产 192

克服建设资产带来的挑战 195

形成资产意识 198

资产建设的资源 205

计算你的资产

给孩子和父母的清单

调查结果显示，青少年的资产平均只占我们所列表中的二分之一，即20个。作为父母，你一定迫切想要知道自己的孩子已经拥有了多少资产，下面的清单表可以帮你找出答案。

儿童及青少年清单表在第5～7页，父母清单表在第8～10页。表中所列选项依据研究所原始调查表编制*。www.freespirit.com/success网站提供清单免费下载。

（1）首先打印或复印每一份清单表。在尝试听取一些意见后，我们建议不要在书中做笔记。因为你可能有多个小孩，都需要这样重复去做。

（2）分别完成清单表，总结每个人的情况。

（3）之后，同孩子一起分享讨论你的答案与看法。孩子是否说出了比你预期要多（或少）的

---

* 请注意，这些清单表并未被规定是发展性资产其科学的或精确的计算，只是提供一个讨论和认知的出发点。

资产？你和孩子是否对他生活中的资产持不同观点。你也许会对孩子所说的感到惊讶。那就尽量延长对话，比如对他说："哦，我不知道，亲爱的，可以告诉我吗……"由此可见，清单表为谈话和发现提供了许多机会。

父母和孩子会发现清单表就像一个资产建设者，本身就是极具丰富经验的。当你认真讲述时，会不由地联想到资产#2：正向的家庭沟通。

每一份清单表里，各项编号对应指定资产的编号。如果你想要知道哪些是自己孩子一生可能错过的资产，可以直接翻到描述该资产建设的那一页。

给儿童和青少年的清单

相符选项前请打钩

☐1. 我感受到了家庭的关爱与支持。

☐2. 我能得到父母或监护人的建议和支持，经常和他们深入地沟通。

☐3. 我认识至少3位成年人（包括父母或监护人）并得到他们的建议和支持。

☐4. 我的邻居鼓励和支持我。

☐5. 我的学校能提供友爱、激励学生的环境氛围。

☐6. 我的父母和监护人帮助我在学校取得成功。

☐7. 在社区里，我感受到来自父母的重视。

☐8. 我在社区里担当重要角色。

☐9. 我每周为社区服务至少1小时。

☐10. 家庭、学校和邻里间让我觉得很安全。

☐11. 家庭制订和监督我的行为准则。

☐12. 学校有详细的行为规范准则。

☐13. 邻居有责任规范我的行为。

☐14. 我的父母、监护人和其他成年人树立了正向的、负责任的

行为榜样。

☐ 15. 我的好朋友树立了负责任的行为榜样。

☐ 16. 我的父母、监护人和老师总是鼓励我好好表现。

☐ 17. 我每周至少花3小时学习或练习音乐、戏剧等其他艺术。

☐ 18. 我每周至少花3小时参加学校或社区的运动、俱乐部及其他组织的活动。

☐ 19. 我每周至少花1小时参加社群活动。

☐ 20. 我每周最多和朋友出门"闲逛"两个晚上。

☐ 21. 我希望在学校表现优秀。

☐ 22. 我渴望学习新东西。

☐ 23. 上学期间,我每天至少花1小时做作业。

☐ 24. 我关心我的学校。

☐ 25. 我每周至少花3小时来感受阅读带来的乐趣。

☐ 26. 我坚信帮助他人很重要。

☐ 27. 我想要为人人平等、减少地球上的贫困与饥饿贡献一份力量。

☐ 28. 我坚持我的信仰,依信念行事。

☐ 29. 即使并不容易,我也会实事求是。

☐ 30. 我对自己的行为决定负责。

☐ 31. 我相信拒绝性行为、饮酒、"嗑药"是很重要的。

☐ 32. 我善于做计划和做决定。

☐ 33. 我喜欢结交朋友。

☐ 34. 我了解不同文化背景、种族、民族的人,和他们相处很融洽。

☐ 35. 我拒绝来自同龄人的负面压力,避免危险处境。

☐36. 我尝试和平解决冲突。

☐37. 我相信能掌控发生在自己身上的事情。

☐38. 我对自己感觉良好。

☐39. 对生活，我有目标。

☐40. 以乐观心态面对未来。

给父母的清单

相符选项前请打钩

☐ 1. 我给予孩子爱和支持。

☐ 2. 孩子主动向我寻求建议和支持。我们经常进行深入的沟通。

☐ 3. 孩子认识至少3位成年人并向他们寻求建议和支持。

☐ 4. 邻居鼓励和支持我的孩子。

☐ 5. 孩子的学校提供友爱、激励学生的环境氛围。

☐ 6. 我主动帮助孩子在学校取得成功。

☐ 7. 孩子在社区里感受到大人对他的重视。

☐ 8. 孩子在社区里担当重要角色。

☐ 9. 孩子每周为社区服务至少1小时。

☐ 10. 孩子在家、学校和邻里间感到安全。

☐ 11. 家庭制订行为准则,并互相监督。

☐ 12. 孩子的学校有明确的行为规范准则。

☐ 13. 邻居帮助我监督孩子的行为。

☐ 14. 我和孩子身边的成年人树立正向的负责任的行为榜样。

☐ 15. 孩子最好的朋友树立负责任的行为榜样。

☐ 16. 老师和我鼓励孩子好好表现。

☐17. 孩子每周至少花3小时学习或练习音乐、戏剧及其他艺术。

☐18. 孩子每周至少花3小时参加学校、社区的运动、俱乐部及其他组织活动。

☐19. 孩子每周至少花1小时参加社群活动。

☐20. 孩子每周最多和朋友出门"闲逛"两个晚上。

☐21. 孩子希望在学校表现优秀。

☐22. 孩子渴望学习新东西。

☐23. 上学期间,孩子每天至少花1小时做作业。

☐24. 孩子关心他的学校。

☐25. 孩子每周至少花3小时来感受阅读带来的乐趣。

☐26. 孩子相信帮助他人很重要。

☐27. 孩子想要为人人平等、减少地球上的贫困与饥饿尽一份力量。

☐28. 孩子坚持自己的信仰,依信念行事。

☐29. 即使并不容易,孩子也实事求是。

☐30. 孩子对自己的行为决定负责。

☐31. 孩子相信拒绝性行为、饮酒、"嗑药"是很重要的。

☐32. 孩子善于制订计划和做决定。

☐33. 孩子喜欢结交朋友。

☐34. 孩子了解不同文化背景、种族、民族的人,和他们相处很融洽。

☐35. 孩子拒绝来自同龄人的负面压力,避免危险处境。

☐36. 孩子尝试和平解决冲突。

□37. 孩子相信能掌控发生在自己身上的事情。

□38. 孩子对自己感觉良好。

□39. 孩子对生活抱有目标。

□40. 孩子以乐观的心态面对未来。

建立**外部**资产

支持

青少年需要从家庭和其他地方经历关爱和支持，需要一个能提供给他们正向、包容环境的组织机构。

六个支持资产：

资产#1：家庭支持
资产#2：正向的家庭沟通
资产#3：与其他成年人的关系
资产#4：有关怀的邻里关系
资产#5：有关怀的学校氛围
资产#6：家长参与学校教育

成年人给予青少年越多的爱和支持，青少年成长得越健康。

资产#1

家庭支持

孩子感受到来自家庭的关爱和支持

72%参与调研的孩子拥有该资产

家庭

★不要假装以为孩子知道你有多爱他,用多一个拥抱和爱的语言告诉他。

★让你的爱通过眼神、字眼、语调和肢体传达给孩子。

★请相信不是所有的孩子长大后都不需要我们的拥抱与亲吻,问问他们感觉最舒服的方式,尊重他们的接受程度。

★每天至少在一起用餐一次。

★每周至少预留一晚给家庭活动,大家对想要做的事情集思广益,商定几个特别的主题去尝试。以开放的态度对待每个家庭成员的建议,积极分享孩子们的兴趣。

★如果你有不止一个孩子,鼓励他们多参加兄弟姐妹的表演、体育比赛及其他活动。

★和每个孩子单独相处一会儿,并成为习惯,比如放学后10分

建立外部资产

钟，夜晚睡前半小时，周六早晨一小时，让他们知道在一起的时间对你来说有多重要。

★和孩子交流如何能让家变得更舒适，能让他们和他们的朋友觉得更吸引人。采取措施解决问题。

★孩子通过被爱而学习如何去爱。现在就去爱自己，爱配偶，爱伙伴。

★做孩子的忠实粉丝。

学校

★教家长如何支持自己的孩子。向学校的顾问和社工咨询建议。

★经常写信或和家长通电话，告知孩子在校的正向信息，如他们的态度、取得的进步、获得的表扬与认可。哪怕只有每月一次，或每学年三四次，也要尽最大努力去做。

★通过校会和家长会，关注孩子积极的一面。

社区

★为父母交流正向育儿技巧提供工作坊。聘请专家座谈如何对孩子表达我们的爱和支持。让父母们互相沟通，分享观点和经验。

★提供并公开家庭危机热线。给家庭成员一个缓解冲突的机会。培训热线咨询师，给予合适的方式来应对冲突，同时为父母提供帮助资料。

★无论父母们在办公室、社区中心、健身房或其他地方，一定不要错过孩子打来的电话。

社群

★ 主办家庭之夜作为青少年计划的常规部分。

★ 为儿童和家庭举办庆祝活动。

★ 作为社群教育项目的一部分,定期提供家长教育课程。

★ 避免青少年计划项目繁冗,确保家庭成员在一起的时间。

建立外部资产

资产#2

正向的家庭沟通

孩子向父母寻求建议和支持
父母总能就各种话题深入探讨，满足孩子的沟通欲望

32%参与调研的孩子拥有该资产

家庭

★无论何时何地都要满足孩子想与家长沟通的欲望。万一你在忙碌而脱不开身，就安排可行的时间。小提示：当孩子在你身边徘徊时，即暗示他想要和你说话。

★认真聆听孩子的每一句话。告诉他你也有对事物的不同看法。千万不要给孩子的观点、信念、情感、经验贴伤害性标签，如"傻"、"愚蠢"、"幼稚"、"错误"。

★每天，从习惯性谈话开始，问问孩子们做了和想了些什么。同样也和他们说说你的一天。

★偶尔，一家人边用晚餐边讨论某个话题，集思广益并轮流挑选主题。

★每周花1小时同每个孩子单独相处。可以的话，就用一整天的时间。孩子们会很珍惜这些美好时光。

★游戏之夜最好每周或每月有一次。打开话匣子最妙的是棋类游戏。因为直接交谈可能会让一些孩子感到尴尬，不如把焦点放到某个活动中，这样开始的谈话会相对自在。

★其实，孩子们对那些"禁忌类话题"更感兴趣。如果你不知道某个问题的答案，可以通过网络、图书馆或专家帮助孩子一起解决。

★选一个孩子感觉舒适的地方谈话。当然，有些孩子天生活泼好动，在谈话开始前不要强迫他们安静下来。

★对一些重要的事物问问孩子的看法和意见。

学校

★家庭作业里包括与父母的交流。比如，当你正在教学生20世纪90年代发生的新闻事件时，可以分配一个采访家长的作业——"1995年，你在做什么？"

★提供给家长关于如何应对棘手问题和解决敏感问题的信息。请与学校顾问和社工沟通讲义和手册上关于欺凌、饮酒、毒品、艾滋病毒/艾滋病、未成年怀孕、性行为、自杀等困难课题。因为许多家长很想和孩子探讨这些话题，但又不知该如何说起。

★与学生互动时让他们学会与他人互动。

★通过海报、电影、文学和网络资源来发掘和表达情感，帮助学生建立情感词汇表。

建立 外部 资产

社区

★ 主办父母和孩子的讨论之夜。提前进行主题宣传。

★ 当孩子想要谈论不同事件时,教父母如何做出正确回应。就社区有关的话题举行研讨会。邀请专家与不同年龄段的孩子沟通。

★ 按时主办活动,让父母和青少年参与交流。

社群

★ 计划一个鼓励父母和青少年交流的时机,如晚餐时、私下里和讨论小组上。

★ 为家庭提供发起对话的问题。为父母和孩子主办讨论小组。

★ 发邮件给会员家庭,为青少年提供和成年人沟通的技巧,包括观点和意见。

★ 不仅仅只有孩子需要沟通,要让父母知道会有专员解答他们的疑惑,提供意见或只是聆听。

资产#3

与其他成年人的关系

孩子认识至少3位成年人，向他们寻求建议和支持，并经常深入交谈

50%参与调研的孩子拥有该资产

家庭

★ 让孩子多接触其他成年人，如可信赖的邻居、优秀的老师以及其他孩子喜欢的人。

★ 鼓励孩子参加成年人主办的对青少年儿童开放的团队活动。

★ 如果孩子有特别的兴趣、嗜好，可以让有同样喜好的你的朋友多和他们在一起。

★ 和其他家庭一起外出度假。

★ 当你邀请朋友一起去某些可以和孩子交流的社交场合，请别忘记带上他们。

★ 和孩子一起主动参与社区活动，拜访邻居。

★ 许多学校、青少年组织、社群都有针对青少年的辅导员、心理医生等，鼓励孩子与他们交流。需要强调的是，和他们交谈并不

建立外部资产

意味着你的孩子"有问题"。每个人都可以从与别人探讨困惑的或受启发的事情中受益。

★和孩子一起确认经常与他们互动的成年人，比如，老师、教练、会社领袖、公交司机、雇主、管理员、监管人、邻居、其他家庭成员、父母的朋友。留便条以感谢他们对孩子的照顾及无私奉献。

★认识孩子的朋友，邀请他们来家中做客。

学校

★给渴望交流的学生提供开放性政策。尽量在上学前和放学后留出空余时间。

★在每一次班会或一对一的交流中至少问一个关于他们自己的问题。

★不要认为老师和学生谈话是浪费时间。

★偶尔和学生们在餐厅共进午餐。

★担当学生俱乐部和学生活动的教职发起人。

★让家长知道学校教职员都愿意与孩子们交流。

★同社区里的父母和成年人合作，为学生安排辅导、互动、帮助的学习机会。

社区

★自发地或通过当地的政府程序，为社区里的儿童和青少年建立至少一个持续的互助关系网。告诉他们生活在周边的人、事、物。

★让教练和成年领导者学习如何与青少年良好交流,鼓励他们了解身边的年轻人。

★为年轻人和成年人创造在一起工作、玩乐的机会。

★提供一个由志愿者组成,能让父母与孩子和谐相处的指导方案。

★主办职业介绍日,让孩子和从事他们感兴趣的职业的成年人在一起。

★在社区服务项目里,把孩子分配给成年志愿者。

社群

★培训成年志愿者如何同有问题的孩子交流,并公布志愿者名单。

★制订一个指导方案。

★计划一个两代人的项目和活动,让孩子和成年人能更好地相互了解。

建立外部资产

资产#4

有关怀的邻里关系

孩子能感受到来自邻里间的支持、鼓励和关爱

40%参与调研的孩子拥有该资产

家庭

★ 把孩子介绍给邻居。如果你不认识他们的话,那请先自我介绍一下吧。

★ 用一盘蛋糕或饼干的老传统欢迎新邻居。

★ 主动认识你的邻居。比如,一起参与街区派对或清洁工作;组织家庭聚餐或野餐;计划一些大人孩子共同参与的活动;加入街道小组、邻里联防队或其他社群。

★ 记住邻里间每个孩子的名字。打招呼时一定要微笑着叫出他们的名字。

★ 关心邻居的孩子,当见到邻居时,顺便问问孩子的情况。说些关于他们积极向上的事情。

★ 认识五个邻居的孩子。

★ 招募志愿者(退休老人、大学生、全职父母)和孩子一起在

校门口等校车。

★鼓励孩子们为社区服务。

学校

★告诉学生促进邻里关系的方法。

★布置一个关于学生和邻里间关系的课题。比如,让学生采访身边的邻居,作采访报告。

★鼓励学生集思广益,找出更好的服务社区的办法。

★无论是不是"邻里学校"(只招收邻近学生的学校),都要同周边的人们和睦相处。比如,为住在学生家附近的人搞一次开放日;建立邻里与企业联盟;把校礼堂提供给居民会议使用。如果你有一个计算机房,可以免费或便宜地提供给邻居自由访问互联网。

★给青少年提供服务学校邻居的机会。联系街道小组,了解他们对未来的计划活动,询问是否可以让学生参与其中。

★鼓励居住在学校周边的成年人成为志愿者。比如:让退休老人成为校"午餐听众",邀请他们和学生一起边用餐边进行对话交流。

社区

★鼓励朋友和邻居认识身边的青少年,重视他们。

★主办邻里聚会。比如:社区派对、家庭晚宴、冰淇淋联谊会、秋季节日活动、嘉年华会。

★为社区里的青少年儿童组织业余活动(如街头篮球)。

建立外部资产

★ 让邻里间的孩子意识到这里的每一个家庭都是可靠的，是能让他们寻求帮助和支持的地方。

★ 与青少年儿童携手创建街区花园、操场或公园。

★ 建立社区网站、社区简报、新闻报纸和社区目录。

★ 邀请青少年参加邻里筹款。设想孩子们渴望他们的社区里有什么（如能玩滑板的地方，一个社区花园），或不该有什么（如涂鸦，随处乱丢的垃圾），投票决定筹款的用处。

★ 支持街道小组。加强邻里联防。

★ 汇集街区代表，完善社区关爱策略计划。让社区的孩子参与部分计划和决策。

社群

★ 鼓励所有社群的成员了解社区里的青少年。注重关怀青少年儿童的重要性，提供活动意见。

★ 鼓励青少年儿童同邻居建立良好的关系。如计划家庭聚餐、冰淇淋联谊会或其他各种由年轻人邀请邻居参加的活动。

★ 树立正面形象。例如，为成年人和青少年主办社区居委会；建立儿童临时看护中心；开展课外小组项目；为青少年儿童提供服务社区的机会。

资产#5

有关怀的学校氛围

孩子能感受到来自学校的支持、鼓励和关爱

35% 参与调研的孩子拥有该资产

家庭

★ 询问孩子对学校的感觉。如,那是不是一个有爱的育人的好学校,而理由又是什么?鼓励孩子说出自己独特的见解。

★ 让孩子与你分享学校里关心学生的人,并在孩子的帮助下,写一些表达谢意的小纸条给他们。

★ 参加家长教师组织(parent-teacher organization,即PTO),努力配合学校工作。

★ 邀请孩子的老师来家中共进晚餐。

★ 成为孩子学校的志愿者。例如,亲自到教室帮忙;辅导孩子的阅读和数学;花时间在校图书馆和多媒体中心;陪伴校外参观学习和学校活动。

★ 感谢老师为学生付出的辛勤劳动。

建立外部资产

学校

★ 不允许有欺凌或任何无礼行为。让善良、互相尊重的美好气氛散播开来。

★ 尽可能记住所有学生的名字。当见到他们时微笑叫出他们的名字。

★ 为那些想要聊天的学生建立午餐小组、自习小组或课外小组。

★ 更深地了解学生，关心他们的兴趣、爱好、目标、希望和梦想。

★ 通过让学生参与制定决策，培养他们的主人翁精神。例如：建议学生自己建立班级或学校守则；让学生也投入到餐厅、健身房、操场、多媒体中心的改善工作；建立学生会反映特殊问题。

★ 营造一个备受欢迎的学校氛围，让学生、老师、行政人员、工作人员、参访者、家长以及其他志愿者都感觉亲切无比。

★ 计划课外活动，让学生、老师、行政人员、工作人员一起联谊娱乐。

★ 进行全校调查，了解学生对学校的看法。同学生一起提出框架问题组建调查。如："你最喜欢学校的什么？""最不喜欢学校的什么？""你会做怎样的改变让学校更有爱心？"把调查制成表格并公布结果，并由学生、老师、工作人员组成的委员会来阐述大家关心的方面，实施新想法。

社区

★ 支持当地学校。尤其是对那些有关怀氛围的学校，应给予认可与敬意。公投投票赞成减少班级人数，改善环境设施。

★在报纸专栏、本地电视节目和社区网站上多多报道有爱心的学校、老师和学校行政工作者。

★就爱心学校话题组织社区讨论会,并邀请学校行政人员参加。询问居民有关学校该如何支持和教育学生的推荐意见。

★鼓励所有成年人,不仅是学生的父母,自愿为学校服务。

社群

★就爱心学校话题举办圆桌讨论会。邀请父母和孩子分享各自的观点。总结讨论结果并和当地学校交流。

★熟悉社群成员中的老师、学校行政人员和其他教育工作者,认可并尊重他们的付出。

★鼓励成员成为学校志愿者。

★当青少年小组寻找服务项目时,不要忘记附近的学校。例如:青少年可以自愿参与粉刷工作、清除涂鸦、清扫路面、修缮工作、辅导学生或其他形式的帮助工作。

建立外部资产

资产#6

家长参与学校教育

家长主动帮助孩子在学校里取得成功，和孩子讨论学校里的事情、辅导功课、参与学校活动

33% 参与调研的孩子拥有该资产

家庭

★ 每学年同孩子的老师至少单独交流一次。每隔一个月通过电子邮件或电话询问孩子在校情况。

★ 经常过问孩子在校的课程学习情况。用正确的方法帮助孩子完成家庭作业。例如：可以帮助孩子拟一份计划，提供一些建议与提示或去图书馆查阅资料，但决不能代替他们完成作业。

★ 当收到校历表时，把重要日期和时间填到家庭日历中，并以学校活动优先。

★ 加入学校的父母教师组织（parent-teacher organization，即 PTO）。即使抽不出那么多时间，也请尽量参加家长会。

★ 自愿到孩子的学校做些力所能及的事情。例如：看护教室，巡视学校、给委员会提供服务。

★如果你对学校的环境和发生的事件有些担忧,请找老师及学校行政管理人员沟通。若学校没有听取你的建议,那就和其他学生家长探讨些建设性方案来解决你关心的问题。

★一般家长多参与孩子的小学阶段,很少涉及他们的初中和高中阶段,但我们应该主动做到关心孩子的每一年龄段。

学校

★每学年至少家访一次。

★组建家长咨询委员会,提供和反馈学校政策决定。

★应经常告知家长学生课堂所学内容。

★把每一期班级简报多复印一份,让孩子带回家给他们的父母。或建立班级网站,与父母共同分享。

★开设网站或发电子邮件,多多发布学校新闻事件,让学生的家长和每个家庭都有参与感。

社区

★主动与学校合作组织活动,让父母和孩子无需再为参加谁的活动而做选择。

★在校开放日和亲师会的日子里,为年幼的孩子提供一些娱乐,父母可以放心地去参加活动。

★允许并鼓励社区工作者为学校免费服务。

建立外部资产

社群

★ 尽量不要在学校重要活动的当天给孩子们安排事情。

★ 鼓励家长展示他们对体验学校的兴趣并积极关心学校。

★ 提供研习班,指导家长如何更好地融入孩子的学校。

资产建设的实际应用

来自科罗拉多州的教育学者,同时是一位母亲的林恩·斯坦博坚信,一个健康的社会始于有责任心、爱心的成年人。她也意识到这些成年人在青少年生活中的重要性。有一年,她起草了一份经常和自己的孩子们接触的成年人名单,不仅有老师,还有教练、保安、巴士司机、音乐教师和其他人。她分别给每个人写了一封信:

"您的工作离不开孩子们,在孩子们'天真顽皮'的几年里,您在他们的生活中扮演了重要角色。"然后她描述了发展性资产并接着写道:"是您让平淡的生活变得如此不同,感谢您的辛勤工作和无私奉献。"

这些信被斯坦博称作"神奇效应"。许多收信人写信或打电话感谢她,其他人则用特殊的温情回应斯坦博的四个孩子。对此,斯坦博写道:"这些感谢信真是太棒了,它们是开启家庭与孩子身边成年人沟通之门的密钥。"

建立 外部 资产

给青少年的小贴士

建立属于自己的资产

资产#1：家庭支持

目标：家庭充满关爱与支持，家是爱的港湾

努力让家充满温暖、关爱、舒适、支持和欢乐。拒绝使用贬低词汇，多用敬语，用支持取代嘲笑，多考虑"我们"，不再只是考虑"我"。表露感情，展示兴趣，倾听他人。认真对待家人，就像你想要家人认真对待你一般。这些观点听起来简单，却能让我们的生活更加美好。

资产#2：正向的家庭沟通

目标：父母能给予意见、支持以及在严肃问题上的深度沟通

当你向父母寻求建议或支持时，为什么得到的总是一番长篇大论？对大多数父母而言，给予建议是一种不可抗拒的冲动。你也许会说当你遇到问题时，只不过是想让家长听听你的解决办法。那就提议一个折中方案：你说，父母聆听，十分钟（一个小时或一天）后互换。

还有另外一个你可能想要尝试的想法：找一些自己父母擅长的事情来做。例如：如果你有一位有数学天赋的妈妈，而你正为期末考试焦虑时，可以向她寻求帮助。如果你的爸爸爱好写作，可以让他给你写的校报文章提些建议。

假如你发觉无法和父母沟通严肃的事情，也许是因为他们仍旧只是把你当孩子看待。有时父母很难接受孩子长大了，已经形成自己的信念与想法的事实。如果有另一位成年人重视你的意见，尊重你，愿意与你交流，尝试让父母及其他成年人也加入到你们的对话中，也许父母可以通过他们的眼睛认识不一样的你。

孩子和父母意见不一致是正常的。为了避免争执，你要保持冷静，降低嗓门，同时，努力站在父母的角度看问题。你为父母树立了很好的榜样，他们也会像你一样去做的。

资产#3：与其他成年人的关系

目标：除父母外的三四个成年人可以给予意见、支持以及在严肃问题上进行深度沟通

如果没有其他成年人可以交谈，可以先从每天常去的地方开始，如学校、礼拜场所、童军团、街道花园或社区中心。或许可以找到喜欢和青少年交流的成年人。或者看本区是否有青少年诊疗中心，那里不仅只有医务室，还提供咨询服务。

参加成年人主办的各种组织、社群、团队。你还可以拜访邻居，和学校辅导员交流，与你喜欢的阿姨或叔叔坦诚相见，结识朋友的父母，同社区、社群、青少年计划项目里的导师建立良好关系。

资产#4：有关怀的邻里关系

目标：邻居能够支持你、鼓励你、关心你

你可以努力打造和睦的邻里关系。无论见到大人还是同龄人，

建立外部资产

先从自我介绍开始。主动和小朋友打招呼，给大家做一个友善的好榜样。

主动认识你的邻居。在街上相遇时，微笑着同他们打招呼，可以的话停下来聊一聊。如果留意到他们需要帮忙，如提重物、开门、推婴儿车上楼时，伸出你友爱的双手。向邻居讨教如何烤面包、换轮胎等拿手活。参与邻里活动，如街区派对、联谊会等。

似乎很多人并不认识住在社区里的儿童和青少年。你可以通过创建社区简报，就发生在身边的人和事发表个人的基本看法，让邻里间的氛围更适宜孩子。让小朋友帮助你收集信息，请其他青少年设计简报，再让儿童们把简报分发给每家每户。记住你所住街区或楼里的每个人的名字。

你知道有些成年人总是会对成群的孩子，尤其是青少年感到焦虑。如果你和几个朋友走在街上碰巧遇到一位认识的邻居，停下来和他打招呼。如果是迎面走来，不要挡住邻居的道路让其绕行，挪出一条通道让邻居能容易地通过。

资产#5：有关怀的学校氛围

目标：学校充满友爱、鼓励和支持的气氛

当你参加学校活动时，你会得到关注与支持，而不是一个孤单的局外人。那么你可以尝试加入一个团队，组织学生会活动，加入一个俱乐部，为校刊写稿件，参加服务组。其实还有很多参与的方式，如果不知道学校里还有哪些机会，可以问问老师或者学校行政人员。

友好对待其他同学，让他们感到关怀和支持。伸出手帮助那些被冷落的、孤单的和团队外的同学。当你参加体育课活动或课外运动时，不要只选择有朋友在的小组。明确表示你不会容忍任何形式的欺凌，维护受欺负的同学。鼓励同学一起爱护学校财产。

鼓励父母成为学校志愿者。有了父母的参与，学校会变得更强大，更美好。

资产#6：家长参与学校教育
目标：父母帮助你在学校取得成功

和父母谈谈你的学校，告诉他们你在校一天的情况，你的收获以及你的失落。和他们分享有趣的故事。请他们帮你解决学校工作或困难的家庭作业。

若老师让你把便条、日程安排表、通知带回家，一定记得转交给父母。把学校的重要活动记录在家庭日历表中。提醒父母某些日子里的特殊活动，让他们知道你是很想参与的。

赋予权利

青少年需要被赋予权利。他们必须被社区所重视,并有机会对他人的幸福有所帮助。前提是必须保证孩子的安全。

四个赋予权利资产:

资产#7:社区重视青少年价值
资产#8:视青少年为资源
资产#9:服务他人
资产#10:安全

青少年越被重视,越被赋予权利,越能健康成长。

资产#7

社区重视青少年价值

孩子们能感受到社区里的成年人重视青少年

25%参与调研的孩子拥有该资产

家庭

★问问孩子何时感到被重视。要点：以下三点让青少年儿童感到受重视（1）成年人花时间陪伴孩子时；（2）成年人聆听并认真对待孩子所说的话时；（3）成年人找孩子征求意见时。

★告诉孩子目前乡村、城镇是如何利用资源帮助他们成长的。例如：公园，休闲设施，青少年项目。问问社区是否有办法能为孩子做得更多。

★和孩子聊一聊社区哪里重视他们，哪里又做得不够好。问问特殊原因和例子。鼓励他们多待在受重视的地方。

★定期轮流主持家庭会议，在会议上做计划、解决问题、相互鼓励。

★当社区居民不尊重孩子时，给予孩子正向积极的角色引导。

★以家庭为单位参加社区活动。改善孩子对社区的印象，反之

建立外部资产

亦然。

★肯定、支持孩子的朋友,让他们感受到被重视。

学校

★让学生通过看相关图片和故事了解社区重视青少年的方方面面。经学生允许后,在校内外宣传这些图片、故事。

★和社区组织建立伙伴关系,这样,学生可以和成年人自愿发展师徒关系。

★邀请社区居民参加学生主持的校开放日。邀请邻居参加学生作品展示与创造力展示的聚会,如校园剧、科技展览、体育比赛等。

★定期邀请社区里的人来学校和学生交流职业、志愿活动及其他感兴趣的话题。

★鼓励学生参与社区服务。

★在青少年中培养领导角色:校董事会是否有学生参与?决策委员会里是否有学生的位置?

社区

★孩子是我们的财富,不要把他们视作包袱。

★找到以下问题的答案:(1)社区如何在乎他们;(2)社区里的成年人如何对待他们。确认问题所在,锁定范围,之后成功解决。

★让家长学习列给孩子的三点(详见上一页"家庭"里第一段文字)。

★鼓励孩子融入邻里和社区组织。

★当你在商场或企业里看到青少年工作（作为职员、销售助理、服务生等）表现出色时，不要吝啬你的赞赏。

★公开庆祝青少年为社区所做的贡献。

★挑战改变年轻人在媒体眼中的负面刻板形象。

★在本地商场、社区中心及其他社区居民可以看到的地方，展出青少年的艺术作品。

★感谢并重视那些同青少年儿童一起工作的人们（如老师、青年组织领导者、社会服务提供者、神职人员等）。

社群

★欢迎儿童和青少年成为社群的一部分，而不是单独的组织。让他们担任有意义的角色，如接待员、引座员，当更小孩子的老师。认可他们的工作。

★青少年担任领导工作可以得到社群成员的重视。

★全年与青少年保持联系，不要在暑期失去联系。

★建立一个由青少年儿童组成的委员会，讨论青少年问题，寻找挑战年轻人的解决办法。

★集思广益，消除成年人对青少年消极刻板的印象。

建立 外部 资产

资产#8

视青少年为资源

让孩子们在社区里担当重要角色

32%参与调研的孩子拥有该资产

家庭

★让孩子参与到家庭决策中。询问他们一些信息和建议。认真对待他们的兴趣、天赋和想法。

★举行家庭会议,为更好地处理家务事征求每个人的观点。分享决定,分配工作。

★请孩子帮忙计划家庭团聚、家庭出游及邻里聚会。

★孩子可以为家庭幸福担任适龄角色。例如:准备饭菜,做些有意义的家务,辅导弟弟妹妹做功课,协助大人完成重要事务。让孩子知道他们是家中不可或缺的一分子。

★不要在生日或节日里总是"买礼物",让孩子亲手制作,会更有意义。

★在家中寓教于乐。例如:和孩子一起搭鸟笼、修理自行车、粉刷屋子或整修花园。

★让孩子也教你一些东西，如当下流行语、上网技巧、流行歌曲、如何打电动游戏等。

★和孩子聊聊他们的天赋和能力。问问他们最擅长什么，以及你认为他们最擅长什么，大家一起想一些彼此互补的方法。

学校

★学生参与学校决策。例如：学生加入计划委员会，编制学生手册，准备一年一度的校开放日。

★教青少年如何在社区事务上积极发挥影响力。例如：教他们具体的社交技巧，包括打电话、做调查、投票和演讲。

★给予学生会真正的权力来处理适当的问题。

★鼓励青少年在某些教育方面担当策划人。例如：让学生选择独立的学习科目或报告课题。

★让学生一起合作一个课外活动方案，并能在学校得以实施。

★教青少年儿童如何教授其他人。例如：高年级学生可以为低年级学生作辅导、朗读文章，建立师徒关系。

★面向大部分学生培养领导技能，而不仅是单独几个人。

社区

★应当意识到青少年是具备技巧、天赋和能力的"天使"，而不是我们的"小麻烦"。

★让社区机构、邻里组织在各项目里增加青少年的决策权。

★让青少年担任邻里间、社区委员会、理事会的领导职务，做

建立 外部 资产

真正有意义的贡献。

★让青少年儿童能参与到成年人的组织或企业中。

★公布青少年志愿项目和义工机会。

★为成年人和青少年创造共同工作的双赢局面。确保所有层面都能看到合作和协作的好处。

★适当的时候可以雇佣青少年。例如雇佣学生来搭建或更新城市、社区网站或担任选举法官。

社群

★让青少年为社群的决议提供信息。

★为青少年儿童成为社群的领导者和贡献者提供机会。让他们安排管理社群的活动。

★修订规划进程,让青少年儿童担任观察者、策划者、演讲者及其他重要角色。

★让青少年关心、教授年幼的小朋友。

★让青少年加入志愿者委员会。

资产#9

服务他人

孩子每周为社区服务至少1小时

50%参与调研的孩子拥有该资产

家庭

★服务他人，为孩子树立榜样。

★以家庭为单位，每星期可以抽出2个小时为他人服务。例如：在公园里捡拾垃圾，在赈济处和避难所做义工。

★想出至少10种家庭服务于他人的方法。投票选一个，马上去做吧。之后，谈谈你们的经历。要点：无需是一个大工程，服务可以简单到只是拜访某位闲适在家的人或为家人烤一份饼干。

★和孩子一起帮助一位邻居。例如：为老年人铲雪，带孩子去图书馆或游乐场。

★和孩子聊聊为他人服务的好处，包括：（1）个人满足感；（2）学习更好地与他人相处；（3）获得新技能；（4）和不同的人接触；（5）学会忍耐；（6）创造有意义的生活。

★鼓励孩子多参加学校、青少年组织或社群里的服务活动。

学校

★ 把服务培训设为学校的正式课程。

★ 和奖励体育成绩或学术成就一样,应多为服务他人而举办庆祝活动。例如:举行为他人服务的颁奖仪式,在学校报纸发表有关他们的文章,发奖状和奖学金。

★ 邀请学生来讨论社区或社会上出现的一些能解决的问题,列出来,大家集思广益,通过服务来应对这些挑战。

★ 培训青少年如何帮助、辅导、友善对待年龄小的儿童。

★ 邀请当地居民为学校服务。例如:邻居可以辅导学生,指导学生,给他们读书,或者陪年龄小的孩子共进午餐。

★ 鼓励学生小组在学校附近做服务。

★ 让学生收集物品,分发给邻居或社区里有需要的家庭。

社区

★ 为青少年和家庭建立发布服务公告。

★ 问问孩子喜欢做什么样的服务,让他们根据自己的兴趣和能力选择。

★ 培训邻里间、社群和民众团体如何让青少年努力服务。

★ 为青少年儿童志愿者提供方便。例如:安排放学后或周末时间做服务,提供交通便利和家长督导,捐赠急需物资和建筑材料。

★ 记住服务他人的孩子。例如:在社区刊物或社区网站上表扬他们,在社区中心每年举办一次颁奖宴会。

★ 让成年人和孩子一起参加邻里服务项目。

社群

★ 让服务成为社群的核心价值。经常开展谈论；在出版物和简报里发表文章；做相关的旗帜和横幅；给所有为他人服务的成员授予荣誉。

★ 让服务成为青少年项目的核心部分。

★ 建立代际服务项目——成年人和孩子共同服务的机会。社群开展青少年儿童的服务项目。

★ 协助社区代理处提供定期帮助和财政支持。确保合作关系里有每代人的参与。

★ 提出青少年教育问题，并通过服务为他们提供解决问题的机会。例如，饥饿、文盲、无家可归等问题。

建立 外部 资产

资产#10

安全

孩子在家、学校和邻里间感到安全

54%参与调研的孩子拥有该资产

家庭

★在家里不允许有伤害性言语和行为存在。为你的配偶、孩子及其他家庭成员和朋友树立有爱、礼貌的举止形象。

★设立清晰的家庭基本准则，在家庭内部保持身体和精神健康。探讨让大家感到安全和不安全的地方。在任何家庭成员侵犯到他人的身体或精神健康时，可以寻求专业救助。

★建立简单但是牢固的家庭规则，如接听电话，为陌生人开门，独自在家，上网，看电视，使用电气设备和尊重宵禁等。

★记录家庭成员的计划和去向。彼此了解动向变化。

★和孩子一起多认识邻里街坊，大家互相注意安全事项。

★和邻居一起解决邻里间的安全需求和担忧。

★告诉孩子若在学校、路上、公园或别的地方感到不安全时如何处理。让孩子知道若发生危险，能够告诉家长。

★天黑后，走路或开车送孩子回家，即使只是住在附近。

学校

★在学校里，如校舍、操场等地方创造安全环境。询问孩子学校里存在哪些不安全因素，征求意见并实施改造。

★不允许任何形式的欺凌和无礼行为。营造相互尊重的环境氛围。

★积极创造一个多样性的环境，如接受，欢迎，歌颂。

★保证较低的师生比例，这样老师可以把原本管理学生行为的时间用在授课上。

★对于武器、暴力、骚扰、歧视等不完全因素，制定并执行零容忍政策。对他人的越界行为，建立匿名报告。

★教孩子如何告诉成年人发生在自己身上的危险。

★建立同龄人调解方案，让学生帮助他人和平解决冲突。

★鼓励老师、行政领导和工作人员了解学生，注意他们的安全。

★给学生提供保护自身与他人安全的信息和培训。

社区

★和社区里的青少年一起找出不安全的地方，询问解决办法。

★给年轻人提供同朋友出游的安全的、规定的时间和地点。

★在公园和其他公共场所制定高安全标准。

★当青少年感到受威胁时，协调居民提供安全的地方。

★促进和支持街区巡视计划、街道居民组织、D.A.R.E（毒品，

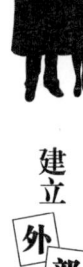

虐待，抵抗，教育）、安全营地、全国打击犯罪夜、其他犯罪预防，以及社区建设。

★当青少年儿童的安全受到威胁时，确保服务的畅通（如热线或顾问）。

社群

★为社群里的青少年建立安全环境。监督和青少年儿童一起工作的成年人，避免危险情况发生。

★当孩子遇到困难时，为他们提供安全的庇护所。

★指导社群里每个人如何让青少年在家里、学校里和社区里感到安全。

★为社区工作，让青少年儿童感到邻里间更加安全。

资产建设的实际应用

在新泽西州的巴斯金里奇,青少年带头丰富社区资产。在萨默塞特郡山当地基督教青年会(YMCA)里,他们是两个发展性资产首创精神的代表。

第一个首创是开设演讲,有一年,孩子为萨默塞特郡山校区的老师做了一次在职培训。后来还有基督教青年会(YMCA)的领导们、伯纳兹维尔商会、基督教青年会(YMCA)的工作人员和伯纳兹维尔镇理事会。"这个世界颠倒了,"基督教青年会(YMCA)社区拓展部主管卡洛琳·瓦斯奎兹说,"孩子们给大人们当老师啦。"

青少年还通过资产绘图项目,把资产消息带到社区里。他们参观当地企业、餐馆、社区组织,讲解有关发展性资产的相关知识,帮助扩充发展性资产库存。通过该项目,青少年可以展示给社区成员如何进行更有意义的资产建设。

瓦斯奎兹在报告中指出,通过资产进行的社区建设项目有了积极的影响,当地青少年越来越了解他们的社区。她说:"青少年正在渐渐改变社区。"

给青少年的小贴士

建立属于自己的资产

资产#7：社区重视青少年价值

目标：社区能让你和其他青少年感知被认可和被重视

作为社区里的成员，想想你的经历。是否被重视？忽视？认可？歧视？暗藏？为什么会有这种感觉？社区里哪些人让你觉得值得交往，哪些人让你觉得不值得交往？如何做才能改善你和其他青少年在社区里的状况？

或许你可以从表现对社区的重视开始，例如参与邻里项目。当你发现成年人对青少年有负面刻板的印象时，问问他们的看法。同时，提供青少年儿童为社区的美好未来而积极努力的真实事例。

有时候我们并没有意识到其他人有多么重视我们。你或许想要确认四位你熟悉的成年人（如父母，亲戚，邻居，老师，教练），看他们是怎么看待你的。他们是否把你看做是社区重要的一员？如果是，为什么？答案或许令你惊讶。

资产#8：视青少年为资源

目标：社区能让你和其他青少年担任重要角色并提供有意义的事务去做

环顾你的社区并了解那些能有所反馈的机会。你可以在哪方面做贡献？在哪方面引领大家？你可以在学校俱乐部或青少年组织里胜任管理工作吗？你有能力竞选学生会吗？有没有街道、城镇、市议会或委员会欢迎青少年的加入？（如果他们并不欢迎青少年，或许只因你缺少了一点点勇气而已。）

不要守株待兔。相反，给自己创造机会，站出来，喊出心声，关心时事。就你关心的问题，写信给当地报社的编辑。游说（或反对）区域条例或法律。就你关心的话题做一次演讲，如儿童权利、无家可归、校园暴力、家庭暴力、老年人、医疗保障。分享并教会他人一个你的技能。成为某个拿手话题的行家——计算机、猫、清洁的水、回收——同时教育他人。与参加学校、城市、州竞选的候选人一起竞争。这也是你的社区，你有资格成为其中积极重要的一分子。

让其他的孩子也感受到你的努力，给予他们重要的角色。例如，你正在竞选候选人，他们可以帮你分发传单。当聪明的大龄孩子认真地对待年龄小的孩子，让他们感到被需要、被重视时，他们是很愿意付出的。

资产#9：服务他人

目标：每周为社区至少服务1小时

服务社区是结识陌生人的很好的途径，可以让你的生活焕发生机。服务的方式多种多样。想想你的朋友、邻居、无家可归的人、老年人、动物、环境、学校、社群、青少年组织……指出你想要服务的地方，找出不足之处在哪里，如何改善。每周1小时其实不算什么，你或许花费不止1小时的时间在上网、看电视或闲逛。

建立外部资产

如果你想要知道服务的感觉有多好，但你又没准备好，尝试为您认识的人做一次"秘密服务"。本该轮到你的弟弟（哥哥）倒垃圾，悄悄帮他做一次。在朋友的柜子上留一个温馨的小物件，在邻居的门廊里放一株盆栽。或者和积极参加社区服务的人交谈，聊聊他们的付出与回报。

如果你不知道从哪里开始，上网或翻开电话簿查找那些你家附近的组织。你会发现很多提供给青少年的服务机会，如：

◆美国男孩&女孩俱乐部（Boys & Girls Clubs of America）

◆美国童子军（Boy Scouts of America）

◆女童之家（Girls Inc）

◆女童军学校（Girl Scouts of the U.S.A）

◆国际仁人家园（Habitat for Humanity）

◆孩子对抗暴力（Kids Against Crime）

◆拯救地球的孩子（Kids for Saving Earth，KSE）

◆全国青年顾问委员会（Youth Advisory Council）

◆学生反对破坏性决定（Students Against Destructive Decisions，SADD）

◆公益金（United Way）

◆美国青少年服务组织（Youth Service America）

资产#10：安全

目标：在家、学校、邻里间都能感到安全

告诉父母，你对家、邻里间、公园、学校及其他你去的地方感到的恐惧和担忧。描述令你感到紧张和害怕的事情。向你的父母、老师及其他你认识可信的成年人求助。当你生活在恐惧之中，无法承担健康风险，那么尝试新事物，积极努力去做。此外，如果学校让你感觉危险，你可以鼓励家长自愿来学校亲身感受一下，然后就改变学校环境和他们聊聊你的看法。

为邻里间、社区及学校里每个人的安全尽自己的一份力。创办或加入一个组织，收集意见，主动把想法付诸实践。或选择一个你感兴趣的能促进安全的专题，例如：预防犯罪、预防事故、预防疾病、紧急救护、灾害预防。你可以教社区里的其他人学会防火、佩戴自行车头盔及其他应急服务。建议你的学校和社区举办安全展会，建议市长开展安全周活动。当你为安全而努力付出时，每个人包括你自己在内都会受益良多。

规范与期望

青少年需要知道他们被寄予什么样的期望，活动和行为是否"规范"或"越界"。

六个规范与期望资产：

资产#11：家庭规范

资产#12：学校规范

资产#13：邻里规范

资产#14：成年人榜样

资产#15：正向的同龄人影响

资产#16：高度期望

青少年拥有更加清晰一致的规范和更高的期望，会成长得更健康。

资产#11

家庭规范

父母为孩子设立清晰的行为准则，监督孩子的行踪

47%参与调研的孩子拥有该资产

家庭

★ 和你的配偶或伴侣讨论孩子的行为规范，并达成一致。父母需要齐心协力。

★ 和孩子讨论家庭规范。不能只和孩子说"不可以"做什么，多和他们说"可以"做什么。规则清晰简洁，尽量保证每条五个字内。

★ 一旦制定了家庭规范，孩子必须遵守，不允许他们无理由违反。

★ 每月讨论一次规范。公平么？仍然适宜么？是否反映出家庭的价值观和原则？经过讨论作出适当调整。参阅育儿书籍，查找意见帮助。乐于学习，不墨守成规。

★ 定期重新商定家庭准则，以跟上孩子成长的步伐。有一点必须清楚，即使年满18岁仍旧需要家庭规范。

建立外部资产

★制度准则是指导怎样去做，而不是惩罚形式。不要让制度准则成为发泄愤怒的借口。如果需要帮助，打电话给危机热线向家长互助小组咨询。

★准备一个家庭日历，记录包括父母在内的所有家庭成员外出的时间地点。

★认识孩子的朋友，邀请他们的父母一起组成"家长联络网"。规定在没有成年人的看护下，不允许孩子举办和参加派对活动。

★让你的家成为孩子和他的朋友最欢迎的地方。你知道他们喜欢待在家中的什么地方。

学校

★尊重和加强家庭价值观和规则。

★和父母交流孩子在家的行为标准，并告之学生在校的行为规范。找出共同点，支持彼此的努力付出。

★让父母来校同学生一起解决问题行为和违反校规行为。

社区

★为父母开展讲习班来制定规范，解决问题行为并作总结。邀请专家做演讲，解答问题。

★设立互助小组，让父母相互学习、建立和执行适当的家庭规范。

★当为青少年参加社区活动设定标准时，邀请父母提供一些建议和想法。

★为父母提供提示清单，以保证制度政策的公平有效。

★从一系列资源里——书籍、网络、视频和播客，收集明确有用的信息给父母并把这些资源放到社区网站或简报里。

★为孩子和家长创建表格，双方都同意让对方知道自己的行踪。把行踪表发布到社区网站上，在社区会议里做讲解并复印给社区家长。

★当你看到青少年身处不适宜的地方，有责任询问孩子他们的父母是否知道他们的行踪。

社群

★为社群的青少年制订明确的行为准则。

★通过公告里的观点和邮寄给成员家庭的信件，指导父母如何设立合适的规范。

★让家长互相交流家庭规范。

★教给青少年如何自己设定规范。这对他们来说是个极好的课题。

★成年人全权监督青少年团体活动。

资产#12

学校规范

学校设立明确的学生行为规范准则

56%参与调研的孩子拥有该资产

家庭

★建议学校在学生入校第一年建立行为手册,并和学生一起审度手册,备份给每个学生家庭。自愿协助建立手册,并建议学生在其中应起重要作用。

★加入父母—教师政策机构。

★通过参观孩子的学校,了解学校规范。观察学生行为,以了解成年人和学生如何相处,如何解决冲突。如果你有问题,可以询问孩子的老师或校长。

★和孩子的老师交流班级规范。和孩子谈谈遵守规范的重要性,如果孩子有异议,立即解决。

★每学年一家人都能抽时间学习讨论学校规范。

★支持学校的校训、校纪、校规。

★如果你发现学校规范不平等、不一致或者不适用,请联系学校领导。

★当发生冲突时，不要鲁莽，平和地阐述你的问题与解决意见。

学校

★就学生的正面行为（如学习、关爱、尊重差异）和负面行为（如欺凌、暴力、欺骗、骚扰）建立学校政策规定。明确负面行为的处理结果及正面行为的鼓励机制。政策涉及学生、家长和校工作人员。在校的每个人每年都应多温习。

★若出版学生手册，一定备份给家长。

★让青少年参与建立规范并在学生间相互交流。

★要求青少年对行为负责。若违反规定，按学校规章执行。

★将学校规章张贴在学校各处——教室、走廊、餐厅、礼堂。

★让同年级学生相互处理违规行为。

★关注和表扬那些经常留心学校政策，并尊重学校规范的学生。

★安排成年人在学校餐厅、走廊、操场及其他学生聚集的地方巡视。

社区

★支持学校领导发展、交流、执行学校规范。

★尽可能保证各学校规范的统一性。

★通过传单、邮件、社区网站及公开日等形式讨论学校规范，使社区居民了解其内容，支持并加强校规执行。

★保证教练和其他成年领导者（团队、俱乐部、青少年组织、

课外活动、课后培训等）了解、支持学校规范。

建立外部资产

社群

★ 了解社区里的学校规范。将其公布在礼拜公告上，或邮寄给成员家庭。鼓励父母支持学校规范。

★ 和学校一起解释定义共同的规范。

★ 找出学生在校行为标准，在社群内加强执行。

资产#13

邻里规范

邻居监督负责青少年的行为

48%参与调研的孩子拥有该资产

家庭

★举办庭院烧烤、街区派对等活动联结邻里。讨论邻里规范并规定至少三条达成一致。例如：尊敬他人及其财产；报告可疑活动；监督16岁以下的少年儿童；商定派队结束时间；和邻居直接说出你的担忧。编制单页邻里规范准则，分发给每一户，或发布在社区网站上。

★作为邻居，相互鼓励约束孩子的行为规范。例如：如果一个邻居听到青少年在谩骂，每个人都应当站在邻居这一边："我们的社区不应有污秽的声音。"

★留意每天社区里发生的事情。

★和孩子谈谈社区规范。

★招呼其他邻居一起处理关心的问题。有兴趣参与的居民把名字、电话号码、地址登记在册，编制成目录分发给大家。

建立 外部 资产

★ 让值得信任的邻居帮助留意你的孩子是否有不当行为。同时让你的孩子知道此事。鼓励邻居对孩子积极向上的行为给予肯定。

★ 给来家里做客的青少年明确的行为规范。

★ 欢迎新来的邻居,给他们介绍社区规范,征求他们的意见和支持。

学校

★ 和学生交流邻里规范。他们的社区是否有针对青少年的行为规范?学生是如何知道的?哪些邻居关注和关心青少年的行为?学生们感受如何?让学生能记住那些尤其是关心他们的邻居,为这些有爱的邻居寄上感谢信。

★ 找出学校周边的规范,或设立合理的规范传达给学生。例如:不允许乱丢垃圾;不在私人场所闲逛;不乱踩踏邻居草坪;不制造汽车音响噪音。通知邻居有关学校设立的规范。

★ 调查学校周边是否有邻居对学生的行为存在困扰和抱怨。对此和学生交流并制定规范准则。

社区

★ 建立强大的社区盟约。举行活动,鼓励居民对其加深了解。

★ 与社区里(个人、团队和组织)的其他人包括青少年明确规范标准。

★ 和当地企业、邻里组织、执法机构确认孩子易发生状况的地方。召开社区会议,集思广益并实施解决办法。

★让青少年儿童参与建立公共场所的规范,例如:公园、广场、商场、社区中心。张贴、分发印有简明规范条例的海报和传单。

★青少年应对自己的行为负责,若违反规定,按规章执行。

★执行宵禁法。

社群

★为社群里的青少年儿童设立明确的规范。

★让青少年(期望大多数)知道你已经注意到他们有不当行为。

★告诉社群的成年邻里规范对孩子的重要性,鼓励成年人了解邻居并和他们一起建立邻里规范。

★即使并不住在附近,也要努力成为社群里的积极分子。熟悉邻里规范,鼓励社群的成员尊重邻里规范。

建立外部资产

资产#14

成年人榜样

父母及其他成年人树立积极向上、负责任的行为榜样

28%参与调研的孩子拥有该资产

家庭

★ 牢记你是孩子最重要的榜样。为自己设定高标准，即使在很困难的时候，也要严格要求自己，爱孩子，尊重孩子。

★ 融入孩子的日常生活。多陪伴孩子，利用"可教学时刻"——积极讨论和学习正面、负责任的行为。

★ 告诉孩子所认识的成年人里谁是好榜样。想办法建立和加强与他们的联系。让那些你尊敬、仰慕和信任的朋友融入到孩子的生活中。

★ 和孩子讨论电视、网络、电影、杂志和报纸里出现的人物，确认他们是否都是好榜样？为什么？说一说榜样和名人的区别。

★ 告诉孩子自己的榜样。你崇拜谁？为什么？当你也是孩子时、少年时、青年时，谁是你的榜样？

★ 当你和其他成年人让孩子失望时，诚恳地道歉。向孩子道歉和承认错误也是树立榜样的表现。

学校

★告诉所有员工树立积极负责任的行为榜样的重要性。

★额外努力地观察和肯定不同范围的成年人榜样，包括性别、年龄、种族、信仰。

★让学生辨别他们的英雄。讨论他们是否是好榜样。为什么？说一说英雄和名人的区别。

★聚焦历史、文学和其他领域的正面榜样。

★让学生说出社区里的正面成年人榜样。邀请他们来学校，在课堂上讲述他们的生活并和学生互动。

★教学生分析媒体数据，辨别正面榜样与负面榜样。

社区

★自愿和那些需要正面榜样的青少年一起或陪伴他们工作。

★利用媒体报道歌颂社区里的正面榜样。

★鼓励成年人成为青少年的导师。

★提供一系列讲座、电影、读物，鼓励学生参与发掘正面（或视情况而定的负面）榜样。

★不仅要尊敬名人和有影响力的人，还要尊敬那些能展现青少年儿童成长所需素养的成年人。

★鼓励名人和有影响力的人来社区树立积极负责任的表率形象，他们便是现实生活中的英雄。

建立外部资产

社群

★ 鼓励成年人做表率，做到他们要求青少年所做的。

★ 明确阐述对社群所有人的要求。

★ 为青少年提供成年导师。

★ 让孩子辨别信仰传统里哪些是好的榜样。

★ 让社群里的模范分享他们的人生故事给青少年儿童。

★ 鼓励成年人加入社群里的青少年组织。

★ 计划代际项目和活动，让孩子亲眼见到成年人榜样。

资产#15

正向的同龄人影响

孩子亲密的朋友能树立负责任的行为榜样，影响大家。他们在学校表现优秀，远离危险行为，如酗酒、滥用药物

68%参与调研的孩子拥有该资产

家庭

★ 邀请孩子的朋友来家里做客，让他们感到自己是受欢迎的，并尝试了解他们。欢迎他们加入一些你们的家庭活动。

★ 和你的孩子聊聊他们的朋友，问问他们的情况。他们是好学生吗？他们有什么兴趣爱好？和父母相处融洽吗？尝试找出孩子喜欢好朋友的各个方面。

★ 不要使用过激的语言来肯定正向的友谊。你可以说："杰夫看起来是个好孩子。他很幽默很好相处。很开心你能邀请他来家里。"

★ 忍住批评负面友谊的冲动。很多孩子会警觉那些父母不喜欢的朋友，物极必反，这样会使得孩子更愿意和他们在一起。

★ 不要因为孩子朋友的外表而妄下结论。

建立外部资产

★ 认识孩子朋友的父母。在校开放日、社区集会、礼拜场所的活动上，让孩子把你介绍给他们。

★ 言传不如身教。扪心自问：我的朋友是否树立了负责任的行为榜样？他们对我是否有好的影响？

学校

★ 选择那些起模范带头作用的孩子，以及那些受同龄人尊重和喜欢的孩子，培训他们成为朋辈咨询者或朋辈助手。

★ 为学生提供合作学习的机会。让学生分成小组，保证每个孩子能从中获益。不要让接受能力最快的学生把全部或大部分时间用来辅导其他学生。

★ 鼓励学生组成课外讨论俱乐部，讨论友谊、同辈压力和其他相关话题。主动成为俱乐部的赞助教员。

★ 利用上课时间教学生理解什么是友谊。让孩子思考自己的友谊是有益的还是有害的。帮助孩子发展交友技巧。

社区

★ 为青少年树立积极负责任的行为榜样提供机会。例如：促进青少年志愿活动，鼓励青少年参加社区和城市委员会。通过社区服务帮助其他人，也是树立榜样的一种方式。

★ 肯定和赞扬青少年的健康有意义的选择。例如：邀请孩子参与设计海报，并将其张贴在社区里，以宣传抵制暴力、滥用药物和酒精；在当地报纸和社区网站上公布荣誉学生名单；鼓励媒体宣传为社区作出贡献的青少年。

★为社区里的模范青少年主办一个颁奖之夜。社区居民可以通过无记名投票选出这些优秀的孩子。

社群

★设立朋辈支持项目。训练青少年成为一个好的聆听者，并能提供恰当的建议和意见。教孩子何时如何向成年人寻求帮助。

★让青少年思考能正向影响学校和社会朋辈的方法。这会成为孩子们一个不错的周末话题。

★肯定并赞扬社群里的青少年榜样。

★让友谊这个话题能在青少年中经久不衰。让孩子谈谈他们的朋友。问问孩子间的友谊是否符合他们的价值观。

★主办青少年活动，欢迎孩子们邀请社群外的朋友参加。

建立外部资产

资产#16

高度期望

父母和老师鼓励孩子好好表现

55%参与调研的孩子拥有该资产

家庭

★根据孩子独有的能力，期望他（她）能有最好的表现。让自己对孩子的发展有一个清晰现实的认识。虽然期望很高，但要让它在孩子能力所及的范围内，鼓励孩子尽最大努力完成它们。

★定期重温对孩子的期望，必要时进行修改。

★留心孩子的良好表现。让他们知道你欣赏他们的天赋、能力、举止、交友技巧、智慧、善良，以及一切优秀品质。

★鼓励男生、女生都要学会独立。

★让孩子懂得为自己的行为负责，同时肯定他们的能力。

★关注新的创造性的方法，以其挑战和激励你的孩子，但不能施以压力。

★问问孩子对他们自己的期望是什么。仔细聆听，思考孩子所说的话。

★让孩子知道高期望并不适用于每一件事。

★同孩子们分享励志故事,讲一些克服人生磨难和取得优异成绩的人和事。

★鼓励孩子,并能和他们一起完成比较困难的学校课业和课余爱好。

★允许孩子犯错,但应知错能改。

★树立挑战高目标的形象榜样。通过参加课程、学习一门技巧、尝试一个爱好,以及其他方式来展示自己。

学校

★告诉孩子你对他们的期望。

★和父母谈谈彼此对孩子的期望,相互支持。

★不仅仅是对成绩优异的学生,对每个孩子都要高期望高要求。(每个学生的期望点不同,因人而异)

★鼓励学生勇于承担正面风险,实现自己的理想。告诉学生必要的风险和愚蠢的冒险间的区别。

★为学生提供工具,帮助他们发展才干和能力。

★让孩子尝试成功及失败的滋味,他们总会振作起来。例如:成年人不要总是直接干预孩子的行为,多让孩子自己体验过程。

★创造学习机会,让学生充分发挥各种学习风格和能力。

社区

★鼓励成年领导者(如:教练、合唱团导演、集团领导人、志

建立外部资产

愿者协调人）不仅应对极优秀的孩子，而应对所有青少年都抱有高期望。

★当地媒体（电视、电台、报纸、网站）多展现青少年的正面成就，少曝光负面新闻。

★能够经常意识到青少年儿童在各方面的卓越能力——学术、运动、表演、服务、领导力、创造力、勇气等。

★打消干预青少年的念头，相信他们自己可以做得很好。

★在工作场所无论你是老板还是客户，都要对青少年抱有高期望。

★开办有关孩子成长发展的学习班和工作坊，让父母从中学习如何为孩子设立合理的期望。

社群

★告诉青少年你对他们的期望。

★对社群里的每个青少年儿童都抱有高期望。

★给予青少年尝试新活动、发展新技能的机会。让他们知道你期望他们成功。

★指导父母如何为他们的孩子设立现实而有鼓励性的期望。

资产建设的实际应用

校长唐·麦茵蒂尔决定利用资产建设为麦克尼克公园中学打基础,该学校位于不列颠哥伦比亚省彭蒂克顿市。"我觉得我们最重要的事就是建立积极、支持的学校氛围和文化。"他说道。

为形成这个氛围,唐·麦茵蒂尔和他的员工们采取积极而富有成效的行动。他们设立了一个全校性的期望目标,并教导青少年该如何去做。例如:学生们要挑战在所有情况下都要"付出最大努力,保持清晰的头脑,尊重他人的努力和劳动成果"。

教职员工奖励那些"被发现"表现好的学生"发现你了"兑奖券,每周抽奖一次。"利用这种方法,我们看到在两年多的时间里违纪名单已成下降趋势。"唐·麦茵蒂尔说道。

"对于好好表现,学生们收到了许多支持,"麦茵蒂尔说,"感谢他们达到了学校的期望。"

建立 **外部** 资产

给青少年的小贴士

建立属于自己的资产

资产#11：家庭规范

目标：父母为你设立明确的行为规范，监督你的行踪

规范、规则、期望，谁需要它们？事实上，所有人都需要。生活若没有这些将是一团混乱。规范指导我们正确作决定，过好每一天的生活。相对负面规范，要尝试多思考正向规范。

和父母聊聊家庭规范。你是否能尊重、接受并履行？为什么？家庭规范对你来说是合适的，还是彻底的不公平？告诉父母你的感受，原因是什么。也听听父母的看法，尊重他们的意见。如果你可以给出替代或折中的建议，父母或许会尝试你的方法。同时，如果你违反规范，就要勇敢接受批评。这将给父母留下深刻印象。

如果父母逼问你要去哪里、和谁、做什么、待多久，那就在此之前把信息都告诉他们。提示：多用询问的方式表达。若把"我和摩根要去看晚8：00的电影，然后去吃饭，大概晚上12：00回来。"换成"我想和摩根去看晚8：00的电影，然后吃饭，大概晚上12：00回来，可以么？"你的父母会欣然同意。这种方法，使每个人都受益。他们会觉得自己很慷慨，而你也可以和朋友待在一起。

资产#12：学校规范

目标：学校为学生设立明确的行为规范

你有权利上一所有明确规范的学校，学生可以免费学习。如果你的学校无法提供这些，可以做些事情尝试改变。

和有同感的学生组成委员会。强调目标并不是简单地设立更多规则，相反，是要定义对每一个人更好更受益的规则。寻找一个愿意和学生一起工作的成年人——老师、教练、学校辅导员，共同找出学校的一系列问题，例如：欺凌、欺骗、偷窃、打架、武器、毒品、性骚扰、种族歧视、翘课、在大厅闲逛、谩骂。集思广益，制订公平明确的规范以及合理的违规处罚规定。完善、总结学校的规范准则，呈给校长，询问他（她）的反馈意见，然后确立最终版本。尽量保证单页，内容简洁清晰。备份给家长，分发给学校里的每一个人。问问校长是否可以把规范准则发布在学校网站上。

或者，如果你的学校有学生手册，可以从它开始。手册内容是否过长？枯燥？过时？是否涉及了每个问题，以及你所见到的学校各方面是否留有改善空间。委员会也可以对手册进行修改。

资产#13：邻里规范

目标：邻居负责规范你们的行为

想象一幅画面，邻里间相互了解互相关爱。再想象一幅画面，邻里间淡漠如同陌生人。哪个画面让你觉得温暖、友善、安全？你更愿意生活在哪一个环境中？

你可以帮助创建一个包括你在内的大家相互照顾的邻里环境。

建立外部资产

从你认识的邻居开始。先同那些看起来友好的人打招呼，自我介绍。下次尝试多聊一会儿。可以问问他们搬来多久了，感觉这里怎么样。他们也会回问你一个或两个问题。你一定想不到，你们会聊到一起。建议父母也认识你的邻居。

同时，和社区里的其他青少年儿童一起尊老爱幼，就安全、噪音及其他问题建立邻里标准。

资产#14：成年人榜样

目标：父母和其他成年人树立积极负责的榜样

谁是你生活中的成年人榜样？想出三位你尊敬的人。包括家庭成员（父母，成年姐姐或哥哥，阿姨，叔叔，祖父母，堂哥堂姐）、你认识的社区成员（老师，教练，邻居，家庭友人，青少年组织领导者）、国家或世界人物（领袖，名人，作家，历史人物或新闻人物）。思考以下问题：为什么他们能成为你的榜样？你为什么会崇拜他们？他们有什么特殊品质？那些品质是你所具有的吗？或者，你想要拥有吗？你如何发展加强这些特点？

让你认识和尊敬的成年人描述曾鼓舞和影响过他们的榜样。如果这些人也住在你家附近，你或许想要更多地认识和了解他们。

仔细选择你心目中的榜样，从音乐人、运动员、演员中很容易选出明星。总之，他们似乎无处不在，如电视、网络、电台、杂志和广告中。但当你决定成为他们那样之前，先多作了解。你会发现最好的榜样其实就在你的身边。

资产#15：正向的同龄人影响

目标：你的朋友负责任，避免危险行为，对你有正向影响

想一想经常和你在一起，影响你最深的三四个好朋友。他们帮你进步还是让你退步？你们是否能就好的选择相互支持，即使当坏的选择唾手可得？只有你自己知道答案。忘记你父母所想的及其他人所说的。你觉得现在的朋友怎样？如果你对答案并不满意，你可以去一些地方见些新面孔，结识新朋友。向你可以信任的成年人（父母、老师、青少年领导者）征询意见。

你也可以积极影响你的朋友。当他们愚蠢地冒险或有负面行为时，不要让他们单独行动。帮助同龄人，搭建属于你们自己的资产。

资产#16：高度期望

目标：父母和老师鼓励你好好表现

告诉父母你的希望和梦想，告诉老师你愿意在课堂里完成什么，寻求他们的支持。这样会让他们更加关注你的进步，为你设定高期望标准。

高期望似乎可以体现出我们当中最优秀的那部分人。当我们认识和关心的人期望我们更好时，我们就会更努力。高期望可以激发我们的自信心。我们会觉得更有能力并愿意尝试正向风险，也不再害怕犯错误。

如果你觉得你的父母或老师对你没有期望太多，那就和一个你认识的可信任的成年人谈一谈。他可以是青少年领导者、邻居、学

建立外部资产

校辅导员或成年亲戚。向他咨询些建议和深刻见解，或许他愿意告诉你的父母和老师你是一个多么优秀的孩子，他们应该对你有更高的期望。

你也可以为你自己设定高标准。许多人在生活中几乎没有他人的鼓励，而且充满了这样或那样的糟糕情况和令人沮丧的事情，却也同样取得了一些成功。提示：从记录一些乐观的、鼓舞人心的典故或名言开始，定期填写，在你觉得沮丧失落的时候打开来看一看。

善用时间

青少年的成长离不开有建设性的、丰富的机会。这些机会来自于创造性活动、青少年项目、社群的参与，包括在家里的黄金时光。

四个善用时间资产：

资产#17：创造性活动
资产#18：青少年项目
资产#19：社群活动
资产#20：家庭时光

青少年越多地和培养他（她）技能和创造力的有爱心的成年人在一起，就会成长得越健康。

资产#17

创造性活动

孩子每周至少花三个小时学习或 练习音乐、戏剧等其他艺术

20%被调查的孩子拥有该资产

家庭

★鼓励孩子多接触艺术。让他们自己选择学什么——乐器、表演、唱歌、舞蹈、绘画、写作、素描、制作陶器——任何吸引他们的艺术形式,越多越好。提供给孩子工具、材料、课程(最好是集体课程),尊重并给予他们练习时间。

★支持孩子,就一定要观看他们的演出、读他们写的文章、欣赏他们的艺术创作等。关注他们的每一分努力,为他们的付出而鼓掌。

★可以设立一些合理规范,但当孩子用数小时在敲鼓、在餐桌上声情并茂地表演、在浴室里唱歌、在地下室里涂鸦时,一定不要抱怨。

★让艺术气息充斥你的生活。发掘不同类型的音乐,全家观看表演、音乐剧、演唱会、舞蹈表演、电影、歌剧;参观艺术博物

建立外部资产

馆、文化中心。一定要让孩子选择其中的一些活动。

★如果小的时候曾弹奏过某样乐器，你可以重新参加进修课程，并做个好榜样，经常练习。或加入一个唱诗班，试演一出戏，重新拾起画笔，写一首诗。和孩子一起分享令你激动的时刻。

★积极体验各方面的艺术形式。留意报纸上刊登的免费表演活动。鼓励孩子随时通知你学校里可以携全家一起参加的演出、乐队音乐会和艺术展览。

学校

★给那些负担不起的学生提供免费的器具、艺术素材和课程。如果学校不能负担他们，向父母、社区和当地企业征集募捐。

★当学校预算紧张，音乐和艺术是其中第一要被削减的项目时，尽最大努力让学校保留，可以发动社区支持。

★让音乐成为学校教学的一种工具，以加强和扩展学习。上课时可以播放背景音乐。当分析历史名人时，可以介绍当时重要的音乐家，播放他们的代表作。当探索不同文化和语言时，音乐可以作为部分课程。

★由当地艺术家主办演出。安排大师课程，让青少年能分享表演者的技术和专业知识。

★举办学校才艺表演，鼓励广大学生参加。

社区

★主办青少年乐队、管弦乐队、戏剧社、舞蹈团、合唱团并提供练习场地。

★利用当地的人才（青少年管弦乐队、爵士乐队、剧团、声乐乐团、车库乐队等）。邀请有艺术才华的孩子设计横幅、海报和传单来宣传社区活动。

★和学校联系，看他们的艺术活动都需要什么。音响设备？用过的乐器？艺术品？道具？在当地报纸上刊登文章来呼吁社区居民贡献一份力量。

★主办免费社区活动，让每一个年轻人及其家庭接触到更广泛的艺术形式。

★通过主办各种各样的世界音乐会、民族舞蹈表演、多元文化节日及其他活动提高大家的欣赏能力。

社群

★组成青少年乐队、唱诗班、合唱队及其他音乐团队，或者让青少年加入成年人团队。

★尤其在暑期，当唱诗班很难聚齐人数的时候，可以让孩子们独唱、二重唱或小合奏。

★允许多种表演形式，从音乐到小品，从舞蹈到诗朗诵。或者每个月为某一天或某一晚计划一个综合艺术仪式。

★举办社群才艺表演或上演戏剧，鼓励青少年加入。

★作为社群任职内的一项工作，鼓励社群的成年人为青少年提供免费的艺术课程（如素描、唱歌、钢琴、表演、舞蹈）。

建立外部资产

资产#18

青少年项目

孩子每周至少花3小时参加运动、俱乐部及学校、社区组织的其他活动

61%参与调研的孩子拥有该资产

家庭

★ 和孩子谈谈他们的兴趣，帮助他们找到合适的社团、俱乐部或其他组织。鼓励他们加入，并且让孩子保证坚持6个月。一些孩子总忍不住提前放弃，或者还没给自己一个尝试的机会就又选择了下一个。

★ 成为孩子学校的家长领导。为学校的俱乐部提供赞助和建议，或者在你感兴趣的地方赞助一个新的俱乐部，例如：天文爱好者娱乐部、摄影家俱乐部、作家俱乐部、烹饪俱乐部。如果你没有时间，可以提供金钱或物质支持。

★ 为参加课外活动的孩子组织拼车。

★ 加入你感兴趣的团队、俱乐部或组织，为孩子做榜样。

学校

★开设多种多样的课外活动。

★为社区青少年活动设立信息中心。围绕学校活动在布告栏中发布一些社区活动信息。让学生关注每日最新公告和网站更新。

★鼓励学生参加学校外的活动。合适的时候，学校和社区组织、俱乐部可以相互协调合作。

★在学生手册里加入对团队、俱乐部、组织及其他课外活动的介绍。如果学校有网站，可以将介绍发布在网站上。把宣传册带回家，让父母了解学校提供给学生的各种活动机会。

★让学生对新的项目发表意见。鼓励孩子在建立和发展新团队时担任领导角色。

★表彰那些为青少年项目无私奉献的校职人员。

社区

★通过多种媒体发布青少年项目——媒体、海报、社区布告栏、网站。有时候孩子们没有参加是因为并不知道开展了哪些活动。

★利用打折、促销和赠品来吸引青少年参加项目活动。

★依就近原则开设活动项目。尽量设在公共汽车站沿线或社区里孩子密集的地方，或者提供接送班车。

★评估目前的活动项目，尤其是青少年不感兴趣的项目。是否有从他们的角度出发，还是只是家长的专断独行。

★考虑代际问题，开设和支持那些联系老年人和青少年、成年人和儿童的项目。

建立 外部 资产

★自愿领导和支持邻里、社区或社群的青少年项目。

★支持学校为课外活动筹集资金的努力，在社区报纸发表募集设备、日常用品及其他必需品的"希望清单"，以及征集募捐。

★主办多样的活动来适合所有的青少年儿童，尤其是那些加入了团队组织，但却没有得到很好服务的孩子。

★表彰为青少年无私奉献的社区成员。在当地报纸刊登他们的专题报道。

社群

★和青少年的项目活动合作，以防同重要的课外活动发生冲突。例如：如果青少年组织里的许多成员会在春天打棒球，尽量根据他们的练习和比赛安排来调整活动。

★无论是参与者还是领导者，都应鼓励青少年加入社群组织。

★鼓励成年人无偿赞助孩子的课外活动。

★经常帮助社区青少年组织。

★为青少年创办一个组织或俱乐部，或者让现有的社群组织变得像家一样温暖。

资产#19

社群活动

孩子每周至少花1小时参加社群活动

51%参与调研的孩子拥有该资产

家庭

★ 深思熟虑后选择一个社群。

★ 更多地让孩子来选择去哪儿参加社群活动。或者,若有多个仪式的情况下,让他们选择时间。

★ 通过自身树立榜样来鼓励孩子积极参与社群活动。不要只是把孩子丢在活动现场,完后再来接他们。

★ 选择与你的价值观和传统观念最契合的方式,将价值观和精神融入日常生活。

学校

★ 分享节日和活动时间表。尽可能多地相互配合以避免时间安排冲突。

建立外部资产

社区

★ 全社区的青少年委员会和任务小组里都有来自社群的青少年领导者。

★ 与社群合作主办全社区范围的青少年活动。

★ 在社区网站和当地电视频道报道青少年社群活动。

社群

★ 为解决社群里青少年关心、需求、感兴趣等问题的项目研发策略。

★ 让青少年代表加入董事会。

★ 设立青少年意见箱。为青少年的活动、项目和特殊事件献计献策。

★ 不要在暑期与青少年儿童失去联系,维持全年联络以确保他们的兴趣和参与感。

资产#20

家庭时光

孩子每周晚上最多和朋友出去"闲逛"两次

56%参与调研的孩子拥有该资产

家庭

★ 上学期间,限制孩子每周和朋友出去玩的次数。在家庭会议上合理而公平地做决定,以每周至少4个晚上必须待在家里为基本标准。

★ 坚持每周至少四晚在家,但并非程式化的。鼓励孩子参与创造性活动、青少年项目或服务于他人。区分"做些有意义的事"和"闲逛"的不同。

★ 让每个人在家时都感到愉快。一起做一些你们都很喜爱的事情:玩游戏、播放家庭电影、阅读、散步、骑自行车。

★ 关心孩子都去了哪里,和谁在一起,尤其当他们是青少年时。

★ 若青少年在做兼职工作,每学年每周不得超过15小时。调查显示,每周工作超过15小时的青少年比工作时间少的青少年出现的问题多。

建立外部资产

★允许孩子邀请他的朋友们来家里度过部分（不是全部）"家庭"之夜。例如：在家中成立科学知识小组，或者让孩子和他的朋友们一起来家里看电影。

★减少孩子单独在家的时间。尽可能地在家中多陪伴他们，共进晚餐，辅导功课或只是聊天。

★让家成为温暖甜蜜的港湾，孩子们向往的地方。如果你感觉家人总是争吵不休或沟通有问题，就向外界求助。家庭顾问是帮助家人和谐相处的专家。

学校

★限制学生每周晚上参加学校活动的次数。培训成年领导者帮助孩子设立优先考虑的事和规范限制。

★鼓励教练、俱乐部主办人及其他人不为学生过度计划。

★把学校的特殊活动分散到全学年，而不是集中在节日或其他庆祝活动期间。

社区

★限制孩子参加晚上活动的次数。

★建立社区日历，记录在学校、社群、社区组织、公园或其他地方举行的所有形式的青少年活动，并把这些活动（发布到社区报纸或社区网站）拉开时间距离，这样家庭可以计划并安排优先的事情。

★就父母和孩子如何交流开办研习班。提供家庭活动和计划的意见。

★减少家长晚间活动和会议次数,这样他们就有更多时间在家陪伴自己的孩子,加强家庭时光重要性的观念。

社群

★鼓励家庭经常安排"家庭之夜"。提供全家活动和计划的意见。

★减少青少年参加涉及他们项目的晚间活动次数。

★减少成年人参加晚间的活动、会议、课程和委员会的次数,这样他们可以有更多的时间同家人相处。

建立外部资产

资产建设的实际应用

像世界上的许多国家一样，南非也在努力克服一个共同问题：越来越多的孩子开始变懒惰了，与此同时，许多学校面临着预算削减。来自开普敦未来工厂的迈克尔·范·鲁德看到这些觉得是时候做些改变了。孩子们需要更多的锻炼，并建立和加强他们的发展性资产。鲁德和其他运动发展组织的领导们参观了学校，彼此分享了对创建资产建设运动项目的观点。

通过他们的青少年项目，未来工厂已经能让孩子开始进行许多运动，例如排球、足球、篮球。运动发展组织的领导们教孩子南非传统游戏和运动，例如棒打游戏（kennetjie）、drie blikkies、morabaraba、jukskei、kgati和五石子（five stones）。整个项目完全基于资产建设，项目负责人称他们自己是"资产小组"，作为运动和娱乐项目的一部分，他们要培训和加强资产架构。未来工厂的领导已经收到了许多资产建设运动的积极反馈。观察家形容该项目是"领导者一次改变人生的经历"。其他报道说孩子对学校重新产生了兴趣，教练们的热情也已开始振奋和蔓延开来。

给青少年的小贴士

建立属于自己的资产

资产#17：创造性活动

目标：每周至少花3个小时学习或练习音乐、戏剧等其他艺术

参与艺术，任何一门艺术，是发展创造力、结交新朋友、掌握新技能、增进脑力、增强自尊心的一种极好的方式。再加上艺术的挑战性、刺激性、成就感和趣味性，让感受艺术的气息如此美好，若参与其中更是其乐无穷。

如果学校提供有关音乐或艺术的课程、俱乐部及课外项目，那么你是幸运的，很多学校不会为学生提供这些。好好利用学校给予你的机会。如果你热爱大提琴，但负担不起，请告知你的老师。学校的音乐项目里通常会提供乐器租借。如果没有这种便利条件，问问社区小组是否能资助。联系当地报纸，发表文章报道学校音乐器材短缺问题，或者美术工具、戏剧俱乐部的照明设备、舞蹈俱乐部的音响系统，及其他你们所需要的。

同社区教育与艺术组织协商看他们能提供什么。你会发现一些书法、摄影、素描、踢踏舞、唱歌或小提琴的免费或低价课程。你的父母有才华出众的朋友么？或许他们可以教你一些他们的特长。

请接受父母为你交了学费的课程，除非他们对你的期望不是你自己心中的梦想，例如：父母想让你参加钢琴课，而你想学爵士小号。和他们聊聊你的梦想，请求他们的帮助和支持。你们也可

以达成一个协议：如果父母同意你今年学小号，明年你就去尝试钢琴课。

记住享受当下的过程远比成名（成为画家或作家）重要得多。

资产#18: 青少年项目

目标：每周至少花3小时参加运动团队、俱乐部及学校、社区等其他组织的活动。

如果你对学校里的任何团队、俱乐部、组织都感到乏味，那么你确定全部都调查过了么？如果再选一次，你或许会发现一个极中意的特别兴趣小组。如果还是没有，考虑组建一个吧。找5到10个和你有同样爱好的同学，一旦你们定下来，即确立了几个目标，设计了一些可行的活动，就找一位你们喜欢的老师，让他（她）来支持你们的小组吧。

尝试接触学校之外的组织，了解社区中心、当地艺术组织、社群都为与你同龄的孩子提供了哪些活动。在民间组织里，你会发现一些专门为青少年设立的组织，还有欢迎青少年加入的成年人组织。如果这些都不能提起你的兴趣，那就把你的信息写到街道布告栏里，会有很多人分享你的爱好，接下来，你们就可以一起决定做些什么了。

资产#19：社群活动

目标：每周至少花1小时参加社群活动

社群是你生活中支持、鼓励和肯定的源泉。一个充满爱心、有相同价值观和观念的人们组成的社群，总能让你找到可以交流的成年人，就像资产#3（与其他成年人的关系）里所讲到的一样。

如果你的父母没有参与社群，并不意味着你也不能参加。也许你可以加入朋友的社群，参加家附近的社群。在寻找社群的过程中，你可以和青少年项目的领导者交流，讲明你正在寻找一个想要加入的社群。

资产#20：家庭时光

目标：每周晚上最多和朋友出去"闲逛"两次

如果父母没有给你规定晚上出去的次数，就试着自我约束。你可以把精力多放在功课和家庭上，看是否能以积极的方式改变自己的生活。

做兼职的青少年觉得，待在家里不如把这些时间用来工作。但是请参考下面的案例：宾夕法尼亚州一所大学的研究者们对1 800名高中生进行调查，发现每周工作超过15小时的青少年比工作时间少的青少年出现的问题多。他们很难完成功课，成绩下降，期末考试也不会有好的成绩。

你或许没得选择，因为你可能每周必须工作15小时以上来补贴家庭开销。在这种情况下，你要尽可能掌控到最好。但如果可以选择，请把时间缩短到最少。

建立内部资产

投入学习

接受教育和投入学习是青少年一生的承诺。

五个投入学习资产：

资产#21：成就动机

资产#22：学校参与

资产#23：家庭作业

资产#24：联结学校

资产#25：乐在阅读

青少年越是全身心地学习，越能健康地成长。

资产#21

成就动机

孩子在学校主动表现良好

71%参与调研的孩子拥有该资产

家庭

★ 清楚地告知孩子你很重视学习这件事——你认为学校很重要,你希望他们能认真对待。

★ 树立毕生学习的榜样。展现学习新事物的兴趣,探索新发现。

★ 与学校老师保持联系。时刻掌握孩子的进步情况,不要等到下发了报告卡才去了解。

★ 鼓励发自内心的动机。结合孩子在校所学,激发他们的兴趣和热情。不要让孩子为了金钱、回报或夸奖而学习,这些都是外在干扰的动机。

★ 和你的孩子一起学习,一起去一些从未去过的地方。看一些相同的书籍,讨论交换观点。一起参加社区教育课程。写出你们都很好奇的问题,去图书馆找答案。

★ 鼓励孩子在学校努力表现,但不苛求完美。允许孩子犯错。

建立内部资产

★把孩子在学校所学的知识和现实生活相关联。例如：当孩子学习各国的首都时，带他们去参观你们的首都城市。

★如果你的孩子对学校产生了抵触情绪或者拒绝上学，试着找出原因。学业对他们来说太简单还是太难？在学校是否有得到帮助和支持？学校是否安全？和他们的老师谈一谈，和其他家长、校工作人员一起想办法改变现状，或者必要时换学校。

学校

★把学习内容和课程同现实生活的状况和问题相结合。充分利用素材。

★以不同的方式学习。培训教师认识和运用多种教学方法，注重学生不同方面的智力。

★肯定和鼓励学生培养各方面的兴趣。

★鼓励教师了解学生，教师个人的关注和兴趣是学生强大的动力。

★对学生进行阶段性测验，确认所学知识对他们是适当的挑战和支持。如果不是，一起讨论如何改善现状。

★表扬和肯定在校表现好的学生。和体育运动一样，对学业方面的突出表现者也要给予奖励。在布告栏里同时展出学习明星和体育明星。鼓励当地媒体发表社区学术成就报道。

社区

★保证社区项目富有趣味、意义和智力挑战性。主办参加博物馆、展览、电影院的讲座和其他学习的活动机会。

★鼓励青少年运用学校所学解决青少年项目问题。例如，如果他们已经学习了文化差异，那么他们会有好的建议让社区项目更具包容性。

★让有动力、能达成目标的高中生和低年级孩子一起参与社区项目。年龄大的孩子可以启发年龄小的孩子。

★举办一个包括成年人和学生在内的社区精英演讲团，到当地学校作演讲报告。

★自愿来学校当助教或指导者。通过奉献自己的时间和专业知识来表明对学习的重视。

社群

★肯定所有青少年项目中教育的价值。即使你反对某一特定的教学方式，也请就事论事，不要否认教育的全部。

★让学校成为青少年人群里的家常话题。

★让青少年项目充满智力挑战。给提出尖锐问题的孩子以肯定。适当的时候，让他们把在学校学习的知识技能运用到青少年项目中。

建立内部资产

资产#22

学校参与

孩子积极主动学习

62%参与调研的孩子拥有该资产

家庭

★ 和孩子谈一谈他们的学校和学习。问问他们每天在学校做了什么，学了什么，喜欢什么，不喜欢什么。经常参与学校体验。

★ 让学习成为全家人的事。更多地和孩子一起学习他们最爱的科目。让孩子也参与到你的爱好和兴趣中。一起学一门手艺。

★ 保证孩子的健康饮食和充足睡眠，让他们在学校能时刻保持精力充沛。

★ 一定要参加学校会议和特别活动。

★ 帮助孩子发掘学校提供的一切。他们可能没有留意到一些有趣的机会。

★ 提供一个积极学习的家庭环境。减少看电视的时间、使用电脑或手机的时间。多看看书籍、杂志和新闻。全家人共进晚餐，讨论时事。

★ 当孩子对学校或提到的其他问题（甚至很小的事情）表现出

厌烦和沮丧时，一定要认真对待。及时找老师谈话。

★树立活到老学到老的榜样。参加你感兴趣的课程，并和孩子一起谈论。

学校

★新学年伊始，开展"兴趣调查"，找出学生感兴趣的东西。给他们提供机会，通过一整年来完成他们的兴趣项目。

★根据学生情况，灵活实施不同的教学方法。吸引他们所有的注意力，针对每一种学习风格进行教学。

★把课堂学习和学生真实生活的情形、问题和关注点相结合。学生在校学发生了什么，生活中、社区里甚至世界上发生了什么，把这些全部联系在一起，并要求学生也这样做。

★开办课外或午餐讨论小组，学生可以探讨议题、问题、担忧、希望和梦想。

★让学生评估自己的学习经历。问问他们还需要什么，让他们对学校有更多的热情和更高的参与度。

★让班级成为一个热情而友好的地方。

★表彰和奖励那些特别有效地鼓励学生努力学习的教师。让学生无记名投票选举"年度优秀教师"。

社区

★和你遇见的孩子、青少年聊一聊他们在学校做了什么。鼓励他们好好表现。也主动谈一谈你自己的学校经历。

★ 和学校一起发展课程计划和与社区相关的课程。例如：你的居住地是否在拯救当地的溪流？保护历史古迹？新建图书馆？有关这些话题的课程可以联系学习现实生活。

★ 为家庭成员提供社区教育课。

★ 自愿成为学校的助教、俱乐部领导或青少年的阅读者，或其他的帮助角色。

★ 如果你的企业雇佣青少年，就展示对他们在校表现的极大兴趣。鼓励他们继续努力进取，限制他们每周工作时间不得超过15小时，期末时应更少。

★ 和当地图书馆合作，主办"独立学习"计划。鼓励孩子和成年人选择他们感兴趣的主题，每周独立研究学习至少一小时。几个月后，参与者可以就他们所学写成研究简报，并发表在社区通讯和网站上。

★ 纠正媒体上出现的有关学校无聊乏味的报道。

社群

★ 把社群的活动和青少年在学校所学相结合。

★ 调查青少年渴望学习哪些方面的知识，邀请专家开办讲座。

★ 成为一个好学的社群。邀请所有成员讨论经典著作；组成代际小组讨论特殊话题；参观当地艺术博物馆，欣赏绘画和雕塑艺术。

资产#23

家庭作业

上学期间，孩子每天至少花1小时做作业

53%参与调研的孩子拥有该资产

家庭

★给孩子提供一个安静、舒适、明亮的学习环境。和孩子一起设立规范，避免电话或访客的打扰。

★和孩子一起设定家庭作业时间表，并认真遵守。晚餐和家庭活动必须围绕家庭作业时间表安排。

★设立一个家庭图书馆并能与时俱进。从最基本的字典、同义词典、年鉴、案头百科全书、地图集开始，再加入孩子特别感兴趣的书籍。

★如果家里有电脑，考虑买一家百科全书光盘，和传统的系列百科全书比起来，确实经济实惠许多。互联网给孩子提供了大量的素材，可帮助完成家庭作业，当然也带来了诱惑和陷阱。告诉孩子可靠和不可靠的信息来源的区别，以及互联网的安全性。

★关掉电视机和电脑，减少孩子课外打工的时间。提示：专家

建议兼职工作每周应不超过15小时。

★如果家庭作业必须在晚饭前完成，可以先来些健康的小吃。饥饿会让孩子无法集中注意力。

★家长随时能够解答问题，进行单词练习，检查作业，提供支持。当你的孩子做学校功课、阅读、学习新东西或做一些工作时，和他们一起学习。

★帮助孩子区分家庭作业任务的优先次序（从最难的开始——在大脑疲倦前解出答案），和孩子一起计划长期学习任务。

★监督家庭作业。不要懈怠，经常检查并询问"作业完成得怎样啦？"之类的话。

学校

★定期布置家庭作业，让学生负责完成并上交。

★和其他老师交流家庭作业，测验进度，制订长期学习计划等事宜，并将其均匀分布到全学年，以免学生应接不暇。

★让家庭作业联系到学生生活的其他方面——家庭、工作、爱好、社区。

★建立一个由教师、家长和高年级学生组成的家庭作业热线。开设热线布告栏或家庭作业互助聊天室。

★教学生如何运用图书馆和互联网来查找相关素材，帮助其完成家庭作业。

社区

★组织课外学习项目。安排一个安静的场所供孩子做家庭作业、阅读、写作和测验复习。安排社区成人加以辅导。

★像要求参加活动和项目一样来期望青少年完成他们的家庭作业。无须监督，但可以询问他们家庭作业的进展情况并加以鼓励。如果成年人都能对此感兴趣和关心，就会形成一个社区标准。

★在课外活动或晚间活动之前，计划一个"家庭作业时间"。

★公开公共图书馆的资源，让孩子知道可以从中找到那些有助于完成家庭作业的资料。

★由社区志愿者组成设立家庭作业热线。鼓励当地高校采纳并作为一项服务项目；给予学校晚上或周末做热线工作的学生服务学分。提供资源设备：电话、课桌、字典、电脑、相关著作（可以的话，包括最新版本的百科全书光盘）以及互联网。

社群

★减少社群活动和家庭作业时间上的冲突。不要在青少年上学期间给他们计划过多活动。尽量把工作日活动安排在家庭作业完成后的晚些时间进行。

★由社群成年人和高校学生组织成立家庭作业热线。

★为青少年放学后做家庭作业设立一个学习中心，并由成年人志愿者做辅导。

建立内部资产

资产#24

联结学校

孩子热爱他们的学校

61%参与调研的孩子拥有该资产

家庭

★当孩子们知道学校有人关心他们的时候会很自然地与学校建立纽带关系。告诉孩子当你上学时哪个成年人或同龄人关心过你。问问孩子在学校里最喜欢哪个成年人或好朋友,为什么。

★鼓励孩子参加促进校风的各种活动。

★在家里最显眼的地方建立学校布告栏,把校历和通知标注在上面。每月一次选出哪些活动可以全家参加。

★鼓励学校为学生提供印有学校名字、校徽的T恤、运动衫、帽子或其他服装。为私家车提供带有学校标志的车尾贴和车窗贴。

★弄清楚学校报纸是否可以网上查阅或通过电子邮件接收。和孩子一起阅读并相互讨论。

★邀请老师与你和孩子共进早餐、午餐,喝咖啡。邀请老师来家里用晚餐。

★当你对孩子学校里的某些事很满意，就写感谢便笺，或语音留言，或发电子邮件给老师和管理人员。

★当孩子对学校不满或无法参与到学校的学习生活中去时，听听他们的意见感受。是否有特殊问题有待解决？保持冷静和尊敬的姿态，把你的疑虑告诉给孩子的老师。

★表现出你对学校的关心。加入父母—教师组织；参加学校大会和特别活动；自愿担任辅导员、俱乐部顾问或家长助手。

学校

★为学生宣扬和促进校风提供机会。例如：全校征集并选出学校新标语、T恤图案、校歌和口号。在学校布告栏和墙壁上装饰校风标语和标志。每个课堂教室或指导教室设计不同的横幅。每月给那些最具有爱心、热情的学生、老师、行政工作人员和志愿者颁发"学校精神奖"。

★为学生定制印有学校标志等相关信息的T恤、运动衫、帽子、夹克、扣子和其他衣物。

★为自愿为学校服务的学生家长（和其他成年人）提供机会。鼓励家长自愿关心孩子学校。他们的热情会传递到每一个学生心里。

★开设体育、艺术、戏剧、乐队、拉拉队和其他学校项目，让所有孩子都能参加。

★开办一个面对全体学生的校刊。让学生们来建立专栏、采访、写文章、美术设计、摄影图片或漫画连载。

建立内部资产

★邀请校友为学校报纸、年鉴、网站写文章抒发他们对学校的感情。

★不要把学校精神仅局限在一种活动里（通常是体育），要庆祝学校更多其他方面的成绩。

社区

★支持学校筹募基金活动（例如：债券发行，糖果销售）、马拉松运动和各种团队活动。

★参加学校演出、戏剧演出和音乐会。

★认识社区里的所有学校和班级。奖励出勤好的学生。

★在当地媒体、公民集会和任何能想到的地方高调宣传学校成就。

★让学生和社区领导者、各种组织分享他们的学校经历。

★不允许因财政短缺而让学校教学质量受影响。

社群

★让青少年多谈论他们的学校经历，因为社群里的孩子可能在不同地区上学。分享可以帮助他们互相了解，也可以交流彼此学校引以为豪的方面。

★支持为学校筹募资金的青少年。

★鼓励成年会员参加社群里青少年的学校活动。在布告栏或简报上发布参与者名单。

资产#25

乐在阅读

孩子每周至少花3小时来感受阅读带来的乐趣

23%参与调研的孩子拥有该资产

家庭

★树立乐于阅读的榜样。和孩子聊一聊你读了什么,把你阅读的热情展现给他们。告诉孩子阅读是如何帮助你了解生活和这个世界并带给你快乐的。

★安排每天或每周有规律的家庭阅读时间。

★举行家庭朗读。如果孩子喜欢你为他们朗读的话,尽可能满足他们。当他们长大点儿后,可以轮流朗读。

★给孩子提供多种读物:书籍、报纸、百科全书、年鉴、杂志。送孩子书籍和订阅杂志作为生日和节日礼物。把书架放置在孩子的屋里,这样他们可以摆满自己喜欢的书籍。

★经常去图书馆。如果孩子已经会写自己的名字了,就让他们拥有自己的借书卡。

★减少看电视和上网的时间。

★ 全家人共同读一些书，然后发表各自的观点。让孩子亲自选一些书籍作为家庭读物。

★ 全家一起玩单词游戏，如"拼字乐（Scrabble）"和"单词串串烧（Boggle）"。把单词和字母磁贴贴在冰箱上，或给彼此编写留言和诗歌。

★ 当根据一本小说改编的电影上映时（有时全家人都很想看），不妨先看书，然后再去电影院或租光盘回家。最后，讨论书和电影的差别。

学校

★ 给在校上课的学生提供一个安静的、舒适的读书环境。让他们自由选择读书的内容。

★ 教室里应摆放各种类型的书籍——翔实的年鉴、语录集、故事书、图册、参考资料以及其他更多的书。

★ 如果一些孩子不喜欢阅读或者阅读困难，可以让他们听有声读物。

★ 让学生为报纸或网站写书评，或者在早会或学校闭路电视网做简要的读书心得。

★ 以图书馆里有趣的书为重点，组成学生委员会阅读并做推荐。

★ 设立课外阅读俱乐部。确保能提供范围全面的书籍来满足不同阅读兴趣的读者，让他们感受到参与其中的闲趣。

★ 比较高年级学生和低年级学生谁更热爱阅读。

★ 帮助学生自己写书。从班级图书角里的学生原创书开始。

社区

★通过志愿者在学校、图书馆、社区中心、娱乐中心和公园里为孩子阅读,关注阅读的重要性。

★开展全社区阅读马拉松。奖励参加的学生一封市长或当地名人的贺信。

★捐赠大量书籍和有声读物给学校、图书馆、流动图书馆、儿童保育中心和其他有青少年的地方。

★确保当地图书馆有充足的资金和人员支持。保证放学后及周末时间开放。

★鼓励书店以提供青少年高品质书籍为重心。

★为各年龄段的孩子开办"忠实读者俱乐部",激励他们参与。到当地企业和孩子聚集的地方分发海报和传单,宣传俱乐部。

★动员全社区收集旧书,捐赠给有需要的家庭或庇护所。

社群

★在社群里为青少年建立图书馆和阅读室。收藏能吸引他们的各方面的书籍(尽量征求他们的意见)。

★社群的图书馆里必须包括孩子们关注的最新书籍。

建立 内部 资产

资产建设的实际应用

在加州的圣何塞市，琳达·西尔维乌斯正在同基石项目（Project Cornerstone）合作。该项目小组致力于建设一系列社区和学校，来让成年人帮助青少年茁壮成长。"在这次资产建设运动中，父母是我们的部队，"西尔维乌斯说，"资产建设让父母喊出了心声。"

西尔维乌斯同父母们交流资产建设的目标和观点。通过讨论，衍生出一系列活动来支持学习。例如：

★一位上一年级的小学生被同学欺负，家长见了校长并提出希望学校建立读书项目来减少欺凌现象，增强同学间的友谊技能。这位家长设立了ABC父母团（拥护资产建设父母团）。现在每月有120位父母为超过5 000名学生读书。

★在博克森（Booksin）小学，每周五父母志愿者都会来学校帮忙，读书给孩子们听，在午餐和休息时间同他们一起玩乐。

★讲西班牙语的妈妈们在学校给孩子读双语书。"这些父母以前来学校从不说一句话，"西尔维乌斯说，"现在他们成了学生们的朗读者。"

"我们所走的类似的每一步都在渐渐改善学校的氛围。"西尔维乌斯说，"我们让这个世界上的孩子、妈妈、爸爸、老师在同一时刻做出了改变。"

给青少年的小贴士

建立属于自己的资产

资产#21：成就动机

目标：在校主动好好表现

有时你是否觉得上学是在浪费时间？其实你可以做些什么，以掌控自己的学习。为自己设定目标，在课堂上提问，找一个盟友——老师或学校辅导员会帮助你尽可能好好利用学校时光。

考虑朋友对学校的态度。如果你花了很多时间和不喜欢上学的孩子或只为应付考试及格才勉强做些功课的孩子在一起，那么你应该扩大你的交友圈。

学校成绩对于找份好工作，入大学或职业学校，申请奖学金、助学金，独立做事或完成个人目标是很关键的一步。如果你的成绩还需要提高，看看学校能提供哪些帮助。如，是否能找到一些科目的辅导助教？是否能让老师给出一些提高成绩的方法技巧？

通常，成绩是由很多因素组成的，如完成作业、按时交论文、测验分数、课堂参与等。不要逃避作业或迟交论文。看起来很微不足道的作业单也会影响到你的期末成绩。

资产#22：学校参与

目标：积极主动地学习

你将有13年的校园生活，如果继续上大学、职业学校、研究生

建立内部资产

院深造，时间会更长。你是觉得被判了刑还是经历着一次冒险，这由你来决定。老师会激励你，家长会鼓励你，但是否退学取决于你对学习的态度、热情和欲望。

如果你已经开始对学校产生兴趣，那很好，若没有，想想该怎么办？如何做能让学习变得更有趣更开心？即使在最无聊、最糟糕的班级，你也一样能找到一件事激发出你的小宇宙。只管行动吧。试着把所学知识用到现实生活中。告诉老师和父母你想更多地参与到独立学习中。遇到不懂的地方就提问并参与课堂讨论。通过特别项目或采访专家来深入了解一个科目。调查研究你感到好奇的事物。对你自己的教育给出自己的观点，并实施。你不会失去什么，只会收获更多。

资产#23：家庭作业

目标：上学期间，保证每天至少花1小时做作业

在发短信、邮件，看电视，参加朋友聚会，参加课外活动，甚至打工之前——先完成家庭作业。如果一周里没有超过5个小时的家庭作业，那就多学一些特别科目的知识，练习技能，或者复习书上的内容和笔记。从现在开始养成做作业的习惯，尤其对你准备考大学来说是相当重要的。

如果上学期间你要做兼职，就把打工时间控制在每周15小时以内，利用更多的时间来做作业和参加活动会对你的整体发展起到重要作用。

资产#24：联结学校

目标：关心你的学校

如果你觉得开始和学校脱节了——觉得学校闭塞、无聊、无趣，就好像只是一个例行公事要去的地方而已——和父母、老师、学校辅导员或其他成年人谈一谈，一起找出与学校互动的方法。

你可以先找一个确实喜欢的学校项目或学校活动，然后参与其中。或者确认一件你尤其喜爱的事情，找出是否学校能提供些什么——课程、俱乐部、团队——匹配你的兴趣爱好。如果你找不到任何激发你兴趣的事情，从自身开始吧。找一个愿意支持你的成年人（通常是老师），给你的俱乐部提些意见并呈给校长、全体教员、校俱乐部协调人，这能吸引更多新成员。

和同学一起集思广益如何促进校风。搞一次设计校徽、校训的全校竞赛怎样？你的小组或社团能设计出振奋人心的横幅么？学校是否发生了该让社区知道的有意义的事呢？也许你可以为媒体写新闻事件或者帮助维护学校网站。

如果你的学校有严重的校风问题——如果大多数学生看起来散漫、冷漠、没有活力——找一个社区里校风意识强的学校。看看他们哪里做的不一样。和老师、管理者及学生代表聊一聊，把他们的一些观点运用到你的学校里。

资产#25：乐在阅读

目标：每周至少花3小时来感受阅读带来的乐趣

不要低估了阅读的重要性。阅读对你目前和未来的生活都是

至关重要的。读书越多，阅读技巧就会越强。掌握了阅读技巧的学生，考试会有更好的发挥，因为阅读变得更快更轻松，你的理解会更深更透。当不懂时，要学会多提问，查询不懂的词汇，做阅读笔记。

如果你还没有养成乐于阅读的习惯，从现在开始吧。想一些任何你想了解的事物，然后去图书馆，让图书管理员帮你查找相关的书籍或杂志。一旦你读完一本，不要停下，继续读下一本。或者在网上浏览你感兴趣的文章。每周3小时的阅读看起来挺多，但是平均到每天其实仅有短短26分钟。（那就跳过电视节目或减少上网时间）

为了让你自己和你的朋友产生快乐阅读的动力，可以考虑从读书俱乐部开始。每月读一本你们都感兴趣的书，设置阅读周期，然后一起讨论，发表观点。

正向价值观

青少年需要发展强大的价值观来指导他们做选择。

六个正向价值观资产：

资产#26：关心

资产#27：公平与社会正义

资产#28：正直

资产#29：诚实

资产#30：责任

资产#31：克制

青少年越是积极发展正向价值观来指导他（她）的行为，就越能作出正向选择并健康成长。

资产#26

关心

孩子很重视帮助他人

52%参与调研的孩子拥有该资产

家庭

★ 经常利用家庭时间来帮助他人。到当地的食品分发处、庇护所或舍粥场、敬老中心当志愿者。当孩子看到自己的父母在帮助其他人时,是相当鼓舞人心的,他们知道所做的事是极有意义的。

★ 关心和照顾你的邻居。是否有老人需要购物和家庭维修方面的帮助?有谁整理花园需要帮手?你要树立好的榜样,并让孩子也参与其中。

★ 举行家庭会议,针对助人为乐的方法集思广益。共同决定每周花固定的几小时来帮助服务他人。

★ 节日里花钱买礼物相互赠送,不如想一想那些真正有需要的家庭。(问问孩子的学校、社区中心,或你工作的地方)然后为一家人列一份礼物和必需品的名单,买礼物后安排以匿名方式派送。

★ 营造互助互爱的家庭气氛。

建立内部资产

★ 鼓励你的孩子帮助他人，即使在某些情况下并不令人感到舒服也能做到支持他（她）所付出的努力。例如：在高犯罪率街区做清洁工作是有危险的，但只要采取适当的措施，对每个人来说益处都要远远大于危险。

学校

★ 鼓励所有学生参加服务活动或服务学习课程。参与者只算学分，不算成绩。和社区一起了解一些可以让学生更多涉及服务的项目，提供一系列选项。

★ 给所有学生提供合作学习的机会，鼓励更多的学生来为他人提供帮助。

★ 在学校建立同龄人咨询项目。培养学生间指导解决冲突、作出正确决定的能力。

★ 表扬和肯定那些助人为乐的学生，给他们授予嘉奖。

★ 表扬和肯定为社区服务的校工作人员。弘扬他们的楷模精神形象。开设辅导计划让学生向这些有爱心的榜样学习。

★ 向过去和现在助人为乐的榜样学习，讨论他们为社会所做的贡献。

社区

★ 把服务项目和关于服务经历的见解作为青少年项目必不可少的一部分。

★ 和社区紧密合作，为青少年找出可以服务他人的机会，让青少年集思广益可以帮助他人的点子。

★表扬和肯定帮助他人的孩子和青少年。举办年度颁奖计划，在当地媒体公布获奖名单。

★确认积极帮助他人的社区成员。邀请他们给青少年做报告，给想要服务的青少年一些指导。

★参加社区修复工程，鼓励社区成员和他们的孩子提供帮助。

★和国际服务组织保持联系，邀请代表来社区演讲。鼓励社区成员——孩子和成年人——自愿成为组织的后备力量。

★培训青少年关爱技巧，并使他们有充足的机会将其运用到社区里。

社群

★让青少年知道社群里的服务机会。提供孩子和成年人一起工作的机会。

★青少年项目里包含同邻居互助。

★让青少年知道社群外的服务机会。

★邀请孩子和青少年开拓头脑帮助他人。

★表扬和肯定作出无私奉献的每一个人。

建立内部资产

资产#27

公平与社会正义

孩子重视提倡人人平等和减少饥饿与贫困

54%参与调研的孩子拥有该资产

家庭

★全家一起讨论关于公平和社会正义的看法,选择一个事件持续关注并提供帮助。

★收集有关组织协助和帮助贫困、饥饿、遭受不公平待遇的人的信息。全家经讨论决定一个家庭支持的对象。年幼的儿童可以捐出部分零用钱,年龄大的孩子可以捐献一些兼职和打零工挣的钱。

★节日礼物的花费可以用来捐给慈善组织或者做其他更有意义的事。

★和你的家人一起去舍粥处、庇护所或食物分发处做志愿者。

★跟孩子讲一讲世界的灾难和一些国家人民正遭受的痛苦。看新闻、读报纸、去图书馆、上网查找相关信息。是否有特别触动孩子心灵或影响他们的地方?战争、饥荒、地震、火灾或是洪水?为全家找一个可以提供帮助的渠道。提示：报纸经常刊登援救大灾难的救援组织的名字、地址、电话，也会在电视屏幕的底部显示或滚动报道。

★把家庭度假安排在让孩子直接面对社区所需的方面。例如：如果你们参观华盛顿，不要只是留恋于著名的旅游景点，也要了解这个城市存在严重问题的地方。

★参观解决公平和社会正义方面的博物馆。

学校

★让公平和社会正义成为课上和课下经常讨论的话题。就当下问题和事件分配研究项目。

★邀请国内和国际上服务、救灾、人权等组织代表为学生演讲。如果可以，分成小组讨论，让学生和成年人一对一互动。

★开设一个研究单元，学习了解那些通过实践和服务改变世界的人。

★就特殊问题和关注点发起全校范围的活动，解决所有领域的课程里相关的问题。

社区

★和学区、童子军及其他组织合作提供食物、衣物，或者其他促进平等和社会正义的项目。鼓励学生加入城市人权委员会。

★让青少年负责和领导服务项目以证明他们自己的能力。

★就公平和社区正义开展讨论。邀请服务和救援组织代表演

讲。计划一个孩子和父母共同参加的讨论时间。

★在布告栏里张贴有关饥饿、贫困、不公平、不公正的报道。提供服务和救援组织手册。

★调研慈善机构和非营利组织，并在社区网站和简报上列出可信的、知名度高的组织名单。

★在青少年完成服务项目后，一定要和他们交流，这样可以帮助他们理解问题，确保他们的行为和影响并保持密切联系。

社群

★解决青少年计划中公平和社会正义的问题。开展讨论并安排活动让青少年参与。

★通过演讲、仪式和模拟来让青少年感受与己相关的世界问题。

★表扬和肯定加入服务和援救组织工作或充当志愿者的成员。

资产#28

正直

孩子坚持他们的信仰，依信念行事

71%参与调研的孩子拥有该资产

家庭

★在日常生活中树立正直的形象。公开说出你的信仰和价值观，言行一致。当涉及建立正向价值观，你将是孩子最重要的老师。

★全家共同讨论正直的意义。尽可能简单地给出定义。例如：依信念和信仰做真实的自己，"说到做到"。

★让孩子表达他们的信念和信仰。孩子们主张什么？什么是重要的？总结每个家庭成员的信念和信仰，将其写出来贴在家中。

★告诉你的孩子有时候即使很难，你也会坚持下去，说说当时的感受是什么。然后再告诉你的孩子有时候是因为你害怕而放弃了。讨论为什么某些情况下你更容易依信念行事。

★当孩子言行不一致时，一定要马上温柔而坚定地提醒他们。鼓励孩子也要同样地来提醒你。

★祝贺孩子依信念行事，尤其当他们遇到困难仍能坚守时。

建立内部资产

★ 无论何时当你发现或了解到行事正直的人，告诉你的孩子。

★ 评论新闻里人们的行为，看看他们是如何展示正直或不正直的。

★ 告诉孩子你也曾因诱惑而想要忽视自己的价值观和信仰。例如："今天一个职员应给我换5元，却错给了50元。我本可以花掉这些多余的钱，但还是还了回去。"

★ 肯定和支持孩子正直地去作选择，即使结果不是你想要的。

学校

★ 学校申明的价值观和期望包含有关正直方面的内容。寻找方法来挖掘正直对所有年龄段学生的意义是什么。

★ 鼓励和期望全体教职员工树立正直的榜样。

★ 让学生用自己的语言来描述正直对他们意味着什么，举出行事正直的人的例子。

★ 建立正直布告栏，宣传为人正直的表率形象。例如：甘地、马丁·路德·金、亚伯拉罕·林肯、索杰纳·特鲁思。让学生推荐他们熟识的名人榜样，当然也可以包括他们彼此。

★ 突出宣传历史上和现今社会中正直的男性和女性形象。找出文学作品中的人物例子，进行课堂讨论。

社区

★ 在日常生活中树立正直的榜样——家庭、工作单位、公共场所以及任何你去的地方。支持和肯定孩子的正直行为。

★发起一个关于正直价值观的全社区活动。利用广告牌、海报、购物袋、传单、当地媒体、互联网来进行宣传。

★主办演讲、研讨会、展览会、圆桌会议，讨论有关正直的话题。保证青少年儿童的参与。

社群

★代表个人为社群树立正直的榜样，明确地表达你的价值观，并依此行事。

★社群申明的价值观和期望要包含有关正直方面的内容，让正直成为青少年项目中的热门话题。

资产#29

诚实

即使并不容易，孩子也实事求是

69%参与调研的孩子拥有该资产

家庭

★在日常生活中树立诚实的榜样。对孩子、配偶、电话推销员、律师、店员、同事、朋友、邻居、亲戚，包括自己都要诚实。

★鼓励和期望家庭成员诚实对待自己和彼此。诚实地面对感受，诚实地承认成功和失败。

★"捕捉"孩子表现诚实的那一刻。

★当你捏造了事实，请承认并道歉。

★当孩子对你撒谎时不要反应过火，因为当他们害怕你的反应时便会撒谎。如果你怀疑或知道你的孩子是在说谎，可以问"你认为我现在可以相信你吗？"或"你认为我现在很忙乱就可以相信你吗？"给他们说出事实的机会。

★全家讨论各自在工作中、学校里、社区里发现的诚实的和不诚实的人。

★分析电视节目和电影里诚实和不诚实的人物角色,是否因不诚实而引发后果?后果真实么?

★指出广告里的虚假成分。

★告诉孩子互联网可以让人诚实,也可以让人不诚实。

★当孩子试图说谎的时候,通过交流帮助他们,一起想些解决办法。

★绝不为了让孩子对你诚实而严厉地对待他们。

学校

★学校申明的价值观和期望包含有关诚实方面的内容。

★建立清晰的规范和不诚实行为(说谎、欺骗、偷窃、剽窃、污蔑)的惩罚机制。

★让学生感受到诚实要比不诚实简单得多。

★在课堂上教学生诚实的技巧。让学生进行角色扮演,例如很难说出事实真相时,说出事实会伤害到某人时,被逼说谎时,该如何表达。

★利用案例学习和模拟来突出很难做到诚实的时候,该如何诚实表现的方法。

★鼓励和期望全体教职员工树立诚实榜样。

★学生用自己的语言诠释诚实对他们意味着什么。让他们列举诚实和不诚实的人。

★开设一间展示诚实的教室。展出说出过真相的历史人物,以及报纸、杂志、网络上有关诚实的励志语录、书籍和故事。

建立内部资产

★和学生一起为班级或学校编写诚实标准。

社区

★让诚实成为社区的价值观。让公共官员和当地名人坚持高标准的诚信。提醒他们应做大家的榜样。

★关注和肯定那些诚实的青少年。例如：在商店里退还多找零钱的孩子，承认自己扔棒球打碎玻璃的邻居小孩。

★在媒体上播出诚实的人们的故事。

★愿意当众指出不诚实行为。

社群

★代表个人为社群树立诚实榜样。和社群成员、邻居及社区里的人们诚实相处。

★利用书籍和故事来诠释诚实的重要性。

★当在严格的道德规范和难以做到诚实的个人处境之间苦苦挣扎时，给会员提供一个安全的空间。

★鼓励青少年儿童共同承诺诚实做人。（他们甚至可以组成一个群体来签署一份"诚信保证书"。）当孩子被迫欺骗或以其他方式表现出不诚实时，这可以成为帮助他们的力量。

资产#30

责任

孩子对自己的行为决定负责

67%参与调研的孩子拥有该资产

家庭

★ 在日常生活中树立有责任感的形象榜样。履行你的承诺。不要为你做不了某事或本应做的事却没做而找借口。告诉你的孩子你是如何计划避免今后发生类似情况的。

★ 追踪负责计划安排。鼓励孩子列出自己的任务单。

★ 每个家庭成员负责一部分家务，建立家务表。

★ 给孩子提供负责的机会。不要总觉得某个任务超出了孩子的能力范围，但也得是切合实际的期望，允许错误的发生。

★ 把新的任务分成小部分，一点一点地教给孩子，直到他们能独自担当得起整个任务。

★ 让时间教会孩子负责。不要催促他们完成新任务；不要在你忙碌、感受到外在压力或做其他事时把孩子也牵扯进来。

★ 当孩子"忘记"应该必须要做的事时，不要唠叨或代替他们

建立内部资产

完成，应顺其自然。例如：孩子如果没有把脏衣服放到洗衣篮里，就没有干净衣服可以穿。

★知道和肯定孩子的负责任行为。

★随着孩子慢慢变成熟，赋予他们更多的责任。保证每一个任务和期望在他们的年龄范围内。如果你不确定是否合适，向专家咨询或阅读有关儿童发展的书籍。提示：其他父母也能成为这方面的专家。

学校

★期望学生能行事负责，当学生能这样去做的时候，给予重视和肯定；当他们做不到的时候，实施合理的规范处罚机制。

★给予学生课堂上和学校里负责任的权利。适当监督，但不取代。

★教学生如何制作和利用计划清单。

★不要假设学生知道该如何处理复杂事件。告诉他们如何把大的任务分成小部分，指出他们需要完成的每一步，并设置期限。让高年级学生把这个方法教给低年级学生。

★履行你对学生的承诺。

社区

★去除青少年做事无须负责的观念。呼吁人们关注能让孩子行事负责的方法。

★让责任成为社区价值观。让社区领导者坚持高标准。期望他们能为自己的行为和决定负责。

★在社区里执行恢复性司法程序。不要只是对违法或违反社区标准的孩子实施惩罚；让他们对自己的行为负责并修复带来的破坏。

★对青少年工作者明确职责范围，并告诉他们该如何履行职责。

社群

★给予社群里的孩子真正的职责权利。给青少年儿童安排特殊的任务去完成。

★就如何教育孩子有责任心这一主题，开展家长工作坊、讲座和讨论小组。

★当青少年遇到困难，无法履行职责时，一定要支持他们。

建立内部资产

资产#31

克制

孩子相信远离性行为、饮酒、滥用药物的重要性

47%参与调研的孩子拥有该资产

家庭

★ 大胆地和你的孩子谈一谈有关性、酒精和药物的问题。如果你对于讨论此类话题感觉不自在，那就提供给孩子有关的适龄书籍。鼓励孩子和你或他们认识的值得信赖的成年人进行探讨。

★ 明确你的规范、价值观和理由。许多青少年听到父母说"在你还未成年前，希望你不要有性行为或饮酒"时，实际上松了一口气。对孩子解释原因并能以开放的心态面对孩子的问题。

★ 让孩子承诺在他们未成年期间绝不进行性行为或饮酒。当今许多青少年会选择抵制，一些人带着他们的决心正走入公众的视线。他们发现这会让他们从其他孩子经历的压力中释放出来。

★ 和孩子一起轮流阐述对某些问题的意见和价值观——夜不归宿、酒后驾车、吸食毒品、酒精派对、未成年怀孕等。

★ 告诉孩子克制的益处，但和挑战并不矛盾。当很难做到时，可以考虑一些练习抑制力的方法。

★从媒体中（报纸或杂志里的文章、电视节目、电影）找出有关性行为、酒精或滥用药物的话题。讨论你的感受并问问孩子的观点。尽力做到彼此开诚布公。

★如果你了解到孩子已经涉及性行为、饮酒或滥用药物，鼓励他们根据自己所重视的价值观来重新考虑作出选择。

★教育和指导孩子运用正确的方法来表达爱意。

★树立克制的榜样。如果你饮酒，要适可而止，绝对禁止酒后驾车。

★告诉孩子如果他们发现自己被迫进行性行为、饮酒或嗑药时，打电话给你，而你将会把他们解救出来。

学校

★给孩子提供机会表达他们对性、酒精、毒品的观点和态度。

★多功能中心提供有关性、酒精和毒品的适当资料（书籍、杂志、影像）。

★培训朋辈顾问来肯定青少年的节制行为。

★和学生一起建立远离酒精、药物的学校承诺。提供学生复印件签字，并告知当地媒体你们作出的努力。

★如果性教育在你们学校很难开展，可以先利用基础价值观的课程帮助孩子整理出个人价值观并理解这些价值观是如何塑造他们行为的。

★邀请市长在药物禁用教育（D.A.R.E.）毕业典礼演讲。给毕业

生颁发祝贺信。

社区

★ 支持当地努力减少或杜绝青少年接触涉及性、烟酒的电影、录像和杂志。

★ 明确告诉青少年彼此间应如何相处。强调相互尊重和责任感。

★ 形成一个重视和肯定节制行为的社区氛围。

★ 邀请社区健康专家给父母和孩子讲解性、酒精和药物的知识。

社群

★ 社群教育项目包含探讨克制这一话题。

★ 为青少年寻找方法，来相互肯定和支持他们在克制性、酒精和药物方面作出的积极向上的选择。

★ 让青少年承诺在未成年之前不会有性行为和饮酒。如果在合适的情况下，可以公开许诺；若不合适，可私下进行。

★ 即使青少年有了性行为，鼓励并确定他们不会再发生此类情况。和他们谈一谈通过避免性行为可以建立起重要的价值观。

资产建设的实际应用

密歇根州马奎特市的马奎特之父中学（Father Marquette Middle School）开展了一项服务学习计划，让五年级学生亲自制作面包。这也是孩子们对正向价值观，如关爱和社会正义等发展性资产的切身体验。

吉尔·科斯基老师的班上每月搞两次烤面包的活动并分发给詹森之家的居民们。那里专为社区里无家可归者和其他需要帮助的人提供当地过渡性住所。

科斯基和她的学生们想了一个主意。"孩子们很喜欢，"科斯基说，"父母为他们准备原料和配方。我和父母们成了孩子们的帮手。"学生们分成四组，学习合作和管理。同时他们还运用到了数学技巧，开发出一些基本的科学原理。但是派送面包才是重点。"当我们到达詹森之家的时候，那些居民们已经在那里了，孩子们也通过这种经历变得谦卑起来。"

给青少年的小贴士

建立属于自己的资产

资产#26：关心

目标：坚信帮助他人很重要

你的学校、邻里和社区会有很多需伸出援手提供帮助的机会。数不清的青少年已经或正在改变人们的生活。看看身边的例子。你要仔细观察，因为青少年儿童提供帮助时不会大做文章也不会得到很多的赞誉。让你认识的成年人——老师、青少年组织领导者——给你指出带来影响的孩子。和他们聊一聊为什么会那样去做，你或许会听到付出越多回报越多的回答——尊重、自尊、自我价值和满足感会随着敞开的双臂和广阔的心扉而到来。

下一步是选择一个你想要帮助解决的问题。找一些个人能力范围内吸引你的事物。你愿意帮助无家可归的人吗？你愿意帮助饥饿的孩子？你愿意帮助孤独的邻居？你故意帮助被虐待或遗弃的动物？了解更多的问题，找朋友和你一起集思广益，开始行动吧。

如果你还没准备好一个大的计划，你可以用简单的方式来表示关心。友好地对待家人、朋友和同学，学会赞美事物或他人。在朋友的柜子上或老师的桌子上留下小礼物或感谢信，或只是展开你的笑容，以最直接的方式来传达你的关爱。做一个充满爱心的人，你会发现没有什么是不可能的。

资产#27：公平与社会正义

目标：帮助促进平等，减少世界上的贫困与饥饿

我们都生活在这个世界上。日益广泛的技术和即时通讯手段让我们第一时间了解到地球上各个角落发生的新闻事件。听广播，看报章杂志，或者浏览互联网来了解世界上的人和社会问题。

你不可能单枪匹马停止战争或解救一个国家，但是你可以做些什么。帮助支持救援组织或人权组织，（国际特赦组织是最悠久最大的组织）。加入国际仁人家园在当地的分会，帮助有需要的家庭建造房屋。在当地服务组织或通过社群做志愿者。每一分努力，看似一点点，却是改变自己和他人生活的潜在力量。

资产#28：正直

目标：做一个忠于自我、坚守信仰的人

你支持什么？不支持什么？你是一个坚持自己信念和信仰的人吗？你是怎么知道的？有一个方法是列出对你很重要的品质。你所列的品质中或许包括诚实、尊重、信任、真实、一致，那么你拥有这些品质吗？如果拥有，如何进一步加强？如果没有，如何自我建立？

你可以从找一个成年人榜样开始——在你看来他是正直的，他能"说到做到"。那个人可以是父母、老师、邻居或其他你认识和信任的成年人，对他多接触，多了解，让他告诉你他在坚守信念时遇到的障碍。学会分享你的感受。例如：你是如何把握何时该说话，何时该保持沉默的？你是否坚定自信总是值得的？正直是否

建立内部资产

曾让你身陷困顿？当你和父母的信念发生冲突时，结果是什么？

你可以去图书馆翻阅有关正直的书籍或上网查找（有需要帮助的地方可以咨询图书管理员），阅读和思考你找到的资料。如果你和朋友都对此类话题感兴趣，大家可以组成小组共同阅读一些书籍和文章，然后进行讨论。

让你身边都是正直的人——朋友们能够忠于自我，坚守信仰，这样可以在困难时期相互支持。

资产#29：诚实

目标：即使并不容易，也要实事求是

当身边的朋友都拥有诚实的价值观时，他们就不会因为没有做作业而撒谎说作业丢了；不会骗家长说去了某个地方，其实是去了其他地方；不会传播流言蜚语。

你也可以个人承诺实事求是。把你的承诺告诉你信赖的人——父母、老师、亲密的朋友、青少年组织领导者——寻求他们的支持。当你很难做到诚实的时候，可以找他们寻求帮助。

你是个诚实的人，大家就会信任你。成年人就会给你更多的权利和自由。朋友们可以依靠你。你被大家所尊敬，因为他们都崇拜和尊重你的诚实。你很少会陷入麻烦之中，会更有安全感和自信。

资产#30：责任

目标：对自己的行为决定负责

你能够在生活的各方面接受并承担更多责任。先从家里开始，想一想哪些是你可以负更多责任的地方。哪些额外的家务活你可以做？可以为家庭提供哪些帮助？你会为满足自己而负更多责任么？你或许会想象，假如自己独立生活是个什么样子？谁来为自己洗衣服？准备饭菜？打扫房间？帮忙理财？保证按时上学（工作）？父母为自己做了多少？自己又做了多少？提示：大部分的父母都会留意和欣慰于孩子负责任的行为，因而会想要奖赏他们更多的权利和自由。这是双赢的好表现。

接下来，想想你在学校里更多负责的方面，然后再转向你的社区、朋友以及个人目标。你的责任越多，你会感到能力越强。

资产#31：克制

目标：作为青少年远离性行为、饮酒、滥用药物

性、酒精、药物是诱惑的。被迫性行为和嗑药有时是难以拒绝的。尤其是当你的朋友们都有性行为、饮酒或滥用药物时，你会觉得自己很落伍。

你也许是为了证明自己而盲目进行性行为，或者你认为只有靠性才能让你浪漫的伴侣一直对你感兴趣，或许你想要一个生命中只属于你的人——比如孩子，又或者你只是对酒精和药物感到好奇。

克制需要勇气和支持。同你的父母、老师、青少年领导者以及其他你认识和信任的成年人聊一聊。了解有关性病（STDs，sexually transmitted diseases）、未成年怀孕、儿童饮酒和滥用药物的实例。思考和明确自己的价值观，让身边的朋友也对性、酒精和药物有相同的认识态度。

建立内部资产

节制是自我控制和自我尊重的很有力度的方式。即使你有了性行为、饮酒或滥用药物等不良行为,你也可以停止。这为时不晚,选择节制的青少年都会感受到心里轻松许多。

社交能力

青少年若要作出正确选择，建立人际关系，在生活中获得成功，就需要用技巧和能力来武装自己。

五个社交能力资产：

资产#32：计划与决定

资产#33：人际能力

资产#34：文化能力

资产#35：抵抗力技巧

资产#36：和平解决冲突

青少年拥有越多的个人技能，会成长得越健康。

资产#32

计划与决定

孩子知道如何提前计划并作出决定

33%参与调研的孩子拥有该资产

家庭

★在家庭会议中讨论全家计划。让每个人都出主意,包括最小的孩子。

★每月一次让孩子全权负责为全家准备一顿饭菜。

★树立作计划和决定的榜样。在家里可见的地方贴出计划清单和刻表,给孩子提供日程本或记事簿,并演示如何使用。

★当孩子收到学校留的大量家庭作业,帮助他们作计划决定,保证按时完成。

★逐渐地赋予孩子更多的责任,让他们计划自己的未来。例如:为特别需求攒钱,打暑期工。通过提问来促进更好的计划,但是绝不替代他们完成计划过程。

★树立做选择的榜样:(1)收集信息;(2)全面斟酌;(3)预测结果;(4)列举利弊;(5)选择并坚持执行。帮助你的孩子按

这个程序来作出他们的选择。

★通过作选择的方式和孩子交流，多用"如果……"的提问方式来帮助他们预见结果。例如"如果你在周五晚上朋友来家里玩之前还不把房间打扫干净，你怎么办？"

★允许错误的发生。不要夸大一个勉强的选择，也不要回避不好的结果。

★鼓励孩子把他们作的选择写成日记。记录发生了什么以及随时的心情感受。这样做可以加强积极的选择，也是对负面选择的一次深省。

★告诉孩子不作选择也是在作选择——即选择去不作选择，这样会把事物主动权放弃给他人。

学校

★让学生制订班级计划，甚至制订一些学校范围的活动。

★教学生规划和组织技能。例如：当你分配研究论文时，按日期分配每一步——策划选题、做研究、列提纲、起草、润色等等。

★为学生建立作业清单。或者，如果在预算允许的范围内，为学生提供学年日程本。

★培训教师来帮助学生为继续教育和职业选择作长远规划。

★让学生预演作各种类型的决定，让他们预测可能的结局和结果。

★让学生讨论或写出他们作出的艰难选择。让他们讲出作出自己选择的原因。

★让学生领袖来参与委员会和董事会的决策问题。

社区

★让孩子说出他们认为社区需要改善的地方，然后为改善做规划。认真对待他们的计划。

★在有线电视频道或社区网站多报道有关青少年的活动和新闻事件。

★为社区成员提供有关计划和决定技巧的研习会。

★允许青少年参与社区项目和特别计划的决定。

★邀请励志演讲者来给孩子讲述作选择的重要性。

★培训成人领导者帮助孩子完成作决定。

社群

★让青少年积极参与青少年项目的重要计划。例如：如果孩子确实想在停车场建一个篮球场地，让他们作一个切实可行的计划。

★让青少年的决定也能影响到整个社群。

★让孩子计划特别活动，甚至年龄小的儿童在成年人的指导和看护下也能参与进来。

建立内部资产

资产#33

人际能力

孩子拥有同理心、敏感性和交友能力

48%参与调研的孩子拥有该资产

家庭

★ 和孩子一起练习人际交往技巧，例如与人会面、沟通、提问、找相同兴趣点。你要意识到当你和孩子一起结识陌生人时，你的孩子会观察你是如何应对寒暄场面的。

★ 练习从孩子的角度看事物。你可以真实地体会到孩子当时的问题和忧虑。你会给孩子树立富有同理心的榜样。

★ 和孩子一起去公共场合，通过人们走路的姿态和眼神，试着猜猜他们怀揣着怎样的心情。

★ 当孩子做了伤害他人情感的事情，告诉孩子他们的行为是如何影响到别人的。

★ 经常邀请朋友共进晚餐，全家人一起陪客人聊天。

★ 欢迎孩子的朋友来家里，和他们聊天，认识了解他们。

★ 发起有关人际关系的话题，聊聊彼此的友情、友谊。

★强调友谊多样性的价值。鼓励孩子和不同年龄、民族、文化背景、经济水平和信仰的人产生友谊。先让自己树立这种友谊榜样。

学校

★以角色扮演的方式来形象化同理心、敏感性和人际关系的学习技巧。

★在课余针对社会和情感体验展开小组讨论。鼓励学生说出自己的感受,并发掘恰当的表达方式。

★以现实具体的方式来接触他人的生活经历。例如:当历史课上讨论1970年代时,可以邀请越南老兵、妇女权利活动家或生活在那个年代的环保人士来做演讲。

★通过教学风格来促进人际关系和友谊的建立。

★把学生混编成小组来体现学校的多样性,能与不同的人建立更广范围友谊的孩子是很少会产生偏见性的。

★鼓励学生对班里和学校新来的学生表示热烈的欢迎。告诉学生每个人在某时都曾是"新生",让他们记住当时自己的感觉。

★和学生聊聊人生中友谊对你的重要性。分享朋友的故事、轶事以及你们一起的经历,并谈谈为什么朋友对你来说那么重要。

社区

★问候邻里间的孩子和青少年,花时间与他们交谈,认识隔壁的家庭。

★提供项目让孩子、青少年、成年人和老年人一起娱乐，建立友谊。

★通过活动和游戏中的比赛，强调合作的重要性。

★倾听孩子的感受，并鼓励他们彼此相互倾听。

★让青少年项目包含不同背景的（经济、种族、信仰）孩子。

★让孩子和青少年自我挑战，向新来的和没有朋友或不受组群欢迎的人们伸出友爱的双手。

★观察青少年如何影响他人，针对那些需要交友技巧的孩子，专门辅导他们。

★把青少年混编在活动、服务项目以及有针对性的项目中，体现出社区的多样性。

社群

★作为社群组织，在成员中、社区里树立同理心的榜样。

★让青少年接触不同文化和传统。

★开设小组来讨论约会朋友、交朋友和保持友谊，以及其他人际关系问题。

★计划社会活动，让青少年邀请社群外的朋友参加。

★让社群充满友爱，让新人和参观者有宾至如归的感觉。

资产#34

文化能力

孩子了解并能和不同文化背景、种族、民族的人融洽相处

42%参与调研的孩子拥有该资产

家庭

★告诉孩子他们的民族传承。鼓励他们对自己的文化、民族和种族有认同感,而并非优越感。

★全家参加庆祝不同文化和传统的活动,结束后和孩子们聊一聊。

★让家庭庆祝活动包括不同的文化传统;学习外语;做异域美食;听各地音乐。

★营造一种对于差异性能积极正面讨论的家庭氛围。不允许笑话和贬低有差异的人们。

★让孩子接触不同的人。邀请不同文化和背景的朋友、邻居来家里做客。

★分析电视、电影、书籍和网站上出现的拥有不同文化背景

建立内部资产

的人物形象。讨论什么是现实的，什么是老套的，如何区别它们之间的不同。

★鼓励你的孩子结交不同国家的笔友。

★审视自己微妙的种族主义态度、偏见或歧视并努力克服。和孩子聊一聊种族歧视与偏见的话题。

★不要忽视孩子对文化和种族差异的消极反应。询问孩子并帮助他（她）意识到为什么会有这样的反应。指出那些有害的、伤人的回应，并建议采用促进文化能力的方法。

学校

★树立接受和欣赏差异性的榜样，把这设定为学校和地区的价值观。不允许种族歧视或偏见。

★教育老师和其他工作人员尊重文化差异，并能与之合作。

★囊括各学科中不同人的成就和思想，将各种文化信息（历史、文学、艺术、音乐、传记、哲学）纳入到课程里。

★开展活动来增加学生们对差异性的认识和接受能力。

★给学生提供分享和庆祝自己民族传承的机会。

★教育学生如何与不同的人相处。

社区

★社区出版物里包含有不同人（男性、女性、年轻人、老人、黑人、白人、西班牙裔人、印第安人、亚洲人）的面孔和声音。

★利用当地的报纸、杂志、电视、网络和广播来给居民介绍社区里的不同文化风俗。

★在社区里开展各种类型的文化活动。

★将尊重多样性作为社区明确的宗旨,不能容忍种族歧视或偏见。

★通过传统节日来体现社区的多样性。

★支持并扩大项目来帮助加深孩子们理解和欣赏自己的祖辈。鼓励青少年包容这些传承,发扬优秀文化。

社群

★和不同于你们的社群建立关系,提供成员间相互见面、工作、服务、交流的机会。

★邀请其他社群成员加入特别庆祝活动,或者安排青少年小组一起参加。

资产#35

抵抗力技巧

孩子能拒绝来自同龄人的负面压力并避免危险处境

45%参与调研的孩子拥有该资产

家庭

★ 鼓励你的孩子在家里表达他们的情感、价值观以及信念。允许他们在尊重你的基础上反对你。

★ 和孩子聊聊抵抗的不同方式,例如:走出困境;坦然地说不;说出自己的感觉;利用幽默;保护自己(表明自己的立场和观点);忽略他人或形势;让朋友来帮忙;从此以后远离该处境;请同伴帮忙;告诉关心你的成年人。哪个是孩子最喜欢的方式?哪个是孩子最不喜欢的方式?为什么?

★ 抵抗力技巧是必需的,要经常和孩子进行角色扮演。例如:被迫发生性行为,饮酒或滥用药物;被迫搭酒后驾驶的车;被邀请去父母不在的朋友家里参加派对;因为你不会从商店偷东西而被叫做懦夫;因为你不会帮朋友考试作弊而被称为叛徒。

★ 找出孩子的朋友并了解他们。

★和孩子聊聊朋辈压力，分享你自己在童年和青少年时期的故事。

★告诉孩子自信、攻击和忍受之间的区别。自信是积极和肯定；攻击是消极和伤害；忍受让自己易受伤害。和孩子一起模仿三种情况，教给孩子自我肯定的技能。

学校

★鼓励学生勇敢地表达他们的感情、信念、价值观和看法。不能容忍任何形式的欺凌。

★和学生一起模仿困境中的处境，让他们能练习和加强抵抗力技巧。给抵抗力技巧提供开放教育的机会。

★在健康和预防课程里增加抵抗力技巧。和孩子谈谈朋辈压力。

★训练学生领袖为自己和同龄人建立抵抗力技巧。

★教给学生自信、攻击和忍受之间的区别。树立自信的榜样。鼓励学生自我保护。

★通过与学生的互动——课堂上、师生会议或其他场合——展示你对自信的重视，即使不同意学生们的观点也应认真倾听。

社区

★给青少年提供表达价值观和信念，并将其付诸行动的机会。

★留意你与孩子接触的机会来加强健康行为和抵抗力技巧。

★经常给青少年传达鼓励的信息，以此来抵抗负面的朋辈压力，避免危险处境。让媒体也成为这方面的合作伙伴。问问孩子他

建立内部资产

们渴望得到怎样的信息？什么样的语言/方式更容易接近孩子，让他们振作起来。

★组成青少年小组来教年幼孩子抵抗力技巧。用角色扮演、戏剧、木偶剧、音乐等艺术方式将抵抗力技巧展现给他们。

★为孩子、青少年和成年人提供自信训练研习班和研讨会。

社群

★让抵抗力技巧成为青少年教育项目的一部分。

★通过抵抗负面的朋辈压力和避免危险处境来帮助青少年领会他们的信仰。

★和青少年一起扮演困境中的角色，让他们能够练习和加强抵抗力技巧。给抵抗力技巧提供开放教育的机会。

★为青少年开设讨论组。当他们感到被迫反对自己信仰的时候，鼓励他们经常交流。

资产#36

和平解决冲突

青少年能够通过非暴力手段解决冲突

44%参与调研的孩子拥有该资产

家庭

★ 在家里树立和平解决冲突的榜样。

★ 全家学习、尝试和平解决冲突。当发生冲突时：（1）让每个人说出自己的需求而不是责备他人；（2）让每个人都能够倾听和理解对方；（3）只针对眼前的冲突而不涉及其他；（4）强调创造性的解决问题能力和新的解决办法；（5）协商直到双方都满意为止。

★ 建议家庭成员在很生气或难过，以致无法心平气和地解决冲突时，避开讨论。

★ 在小矛盾激化前，大家坐在一起探讨解决方法。

★ 教孩子如何利用以"我……"开头的信息语言。最基本的模式是"我觉得……当……因为……我希望你……"例如：把"你没问就借走我的外套，让我很生气"换成"我觉得很生气，很难过，因为当你没问就借走我的外套，我就没的穿了，希望下回能先问一

下我。"的表达方式。

★和孩子一起读有关和平及和平解决冲突的书籍。向图书管理员询问意见。讨论读过的内容。

★在家里设立"和平空间",可以是一个房间或房间的一角,它将成为家人们需要解决冲突时待的地方。"和平空间"的规则有:(1)如果他人要求去那儿,必须去;(2)用敬语;(3)轮流表达和聆听;(4)用以"我……"开头的信息语言;(5)如果问题严重到无法解决,寻求帮助。

★告诉孩子,打人、推人、踢人以及其他暴力行为都是不对的。家长必须首先以身作则。

学校

★和平是学校宣扬的价值观。递交请愿书来呼吁学校和平,并邀请每个人——学生、老师、行政管理者、工作人员——签名,并张贴在每天大家都能看到的地方。

★让学生、教职人员和后勤人员都能够接受到和平解决冲突的训练。

★提出并严格执行反欺凌政策。

★在班级建立"和平空间"。你或许会扩大对"家庭"的描述,并让这里成为学生想要安静、思考和冷静时可以去的地方。你可以让学生用艺术作品和海报来装饰这里,并提供书籍和舒缓的音乐。

★在学校成立和平俱乐部。

★建立朋辈调解体系,让学生相互帮助,和平解决冲突。

★把和平以及和平缔造者的课程纳入到学科里。

★学校里不能容忍任何形式的暴力行为。

社区

★就和平解决冲突创建社区共享承诺。

★宣传那些为和平而努力付出的社区成员。

★支持为减少家庭暴力和虐待建立的项目和组织。

★为邻居、家庭和孩子的需要提供媒介服务。

★为父母、青少年、儿童和整个家庭提供解决冲突的课程和研习班。

社群

★给青少年和成年人传授解决冲突的技能,包括邮寄给家庭成员的资料和意见。

★成员间经常分享他们以和平的方式解决争端的故事。

★建立朋辈媒介体系,让孩子和青少年相互帮助,和平解决冲突。

建立内部资产

资产建设的实际应用

在俄勒冈州的Milton-Freewater市,苹果种植园成为地方经济的首要组成部分。通过社区学校和地区企业、专科学院和志愿者之间的相互合作,高中生了解到管理经营果园——以及其他当地企业的承诺、计划以及决策。

每周,志愿者和青少年都会在无偿捐赠给企业使用的温室里碰面。这些志愿者会进行例如种子发芽等各种农业演示实验。理科老师戴安娜·格罗夫说,参加的学生发起了保护万物生灵的倡议书,同时获得了土地和社区支柱行业的研究经历。此外,他们还与志愿者建立了联系,这不仅增长了学生们的技能,还扩大了起重要作用的成年人在学生生活中成为榜样的覆盖面。

这个项目的资金来自于学生自己进行的环境类相关工作。例如,学生种植了3 000株常青藤准备卖给城市,到时候青少年种植的常青藤将作为当地高速公路立交桥的绿化植物。

给青少年的小贴士

建立属于自己的资产

资产#32：计划与决定

目标：懂得如何提前计划和做选择

一些孩子总是活在每一个"今天"。这也很好——只要不错过重要的期限、机会或派对。

如果你不善于计划，就从最简单的开始——列一个工作安排表。标出序号，从1号最重要的事项开始做，完成后再进行核对，把剩下的事项挪到第二天的表里。等你掌握了这个窍门，去买一个日程本。每个办公用品商店都可以买到，价格不贵。或者，你也可以利用在线日程计划工具。现在你就可以写下未来要做的事情——长远工作的日期、学校节日、临近的社会活动，以及任何其他不能忘记的事情。

如果你已经是计划高手，那就充分将计划运用到工作中，帮助你完成更重要的事情：学校嘉年华会、社区活动、社群的首次才艺表演。把你的经历写成日记之后，再将其总结成一页，重点是突出自己的责任和付出。这样会帮助你更清晰地从经历中获得感悟，以及权衡下次做事的方法，仍采用相同的办法？还是另辟蹊径？这对于你面对未来的生活也是很有必要的。

父母是否为你的生活做了太多的决定，包括一些自己想要拿主意的事情？告诉父母你能够开始做一些决定了，请他们稍稍放下保

护的羽翼。如果你能证明自己具有责任心,父母会对你更有信心。是否有些决定令你无所适从?独自面对或许太过沉重,那就询求可信赖的成年人的帮助,相信他们会增加你对未来决定的勇气。

资产#33:人际能力
目标:懂得如何结交朋友和维持友谊

友谊在很大程度上是建立在同理心和敏感性的基础上的:理解他人的需求和感受,并能敏锐地体会到对方的需求和感受,作出回应。同理心首先是通过你想要别人怎样待你——得到友善和尊重——而决定的,然后就不难理解将心比心的道理。如果你记住了别人对你不好,甚至残忍的事,你会告诫自己不要说出或做出伤害他人的事。同样的,想想别人向你伸出援手、激发你斗志的时候,提醒自己也要这样友善地对待他们。

如果你在平日里去的地方找不到朋友,就放眼整个社区。是否有你感兴趣的俱乐部或组织?考虑加入看看。你至少已同其他人有了共同点。

从简单的事做起:微笑着打招呼;问候对方,也聊聊你自己;邀请对方和你一起做些事——看电影、放学后到图书馆学习、帮助你做志愿者工作。

努力和不同的人建立友谊。多样性会让生活更精彩有趣,学会欣赏多样性。当你的朋友有着不同年龄、民族背景、性别、信仰和种族时,消除偏见和歧视是很重要的一步。

资产#34：文化能力

目标：了解不同文化、种族和民族背景的人，并能与其融洽相处

如果你已经拥有该资产，你会受益匪浅。你能与各种各样的人和睦相处，不会因彼此的不同而心生怀疑和畏惧，不会因无知和偏见而被孤立，并且你对各种不同经历都抱有一个开放的心态。

如果你没有该资产，你一定要得到它，因为这个世界每天都在不停地改变着。在这里提供几个自我建立该资产的方法：

★ 愿意接触陌生人，努力结识与自己不同的人。

★ 看一些正面刻画不同文化、种族或民族背景人物的电视节目和电影。

★ 听来自其他多样文化的音乐。

★ 听他人正面地谈论来自不同文化背景的朋友或邻居。

★ 读描述不同文化背景人物的书籍和故事。

★ 到民族风味餐厅用餐或为家人烹饪异域美食。

★ 和家人、朋友或自己单独参加文化交流活动。

★ 选择拥有多样文化、传统、传承的班级和学校。

在了解差异的过程中，你可以寻找相同点达成关系建立的共识。几乎一夜之间，你的生活会变得更有趣，在这个多变的世界里，你将为自己的成功打下更好的基础。

资产#35：抵抗力技巧

目标：拒绝来自负面朋辈的压力并能避免危险处境

在你能决定哪些事不会去做之前，你需要明确自己的信念以

建立内部资产

及原因。和你信赖的成年人聊聊你的价值观和信念。或者自己列出来，每一条都从"我相信……"开始，然后通读全部，做些改动，经常调整直到自己觉得合适。

拒绝来自负面朋辈的压力并避免危险处境，需要运用自信技巧。当你自信时，你是坚定且尊敬他人的，既不会被欺凌，也不会畏缩。你镇定地表述你的立场，不会因为被取笑、嘲弄、威胁而动摇。例如："不，我不滥用药物。""不，我不喝酒。""不，我不会参加没有父母的派对。""不，我不会坐酒后驾驶的车，我会找其他方式回家。"

不要等到身处困境时才自我保护，要早一点，在赌注还不高的时候。例如：当你和朋友想要看一场电影时，说出你特想看的那个。尽量不要以对抗的姿态开始，平静地、诚实地分享你的观点和感受。

想出三个能和你站在同一立场的人，以此支持你的价值观和信念。让他们成为你的保护伞——当你被迫或被诱惑去做一些危险或不健康的事情时可以召唤他们帮助你。把他们的电话号码带在身边。同样，也让自己成为朋友的保护伞。

资产#36：和平解决冲突

目标：无论何时都不能以暴力方式解决冲突

如果你的学校或社区提供冲突解决培训课程，一定要参加。如果学校有朋辈调解项目，一定要登记报名。学习有关和平解决冲突的一切知识，并把你所学的知识教给年幼的孩子。

你可以建立自己的冲突解决技巧。回想你曾陷入的最厉害的冲突，当时是因为什么？你对状况的看法是什么？其他人的观点是什么？你是否和平地解决了冲突？为什么？如果今天再发生类似的情况，你会有不同的处理方式吗？你是否从中学习到帮助你日后避免和他人发生此类冲突的技巧？

和家人、朋友一起模仿扮演各种角色，寻找解决冲突的方法。在不责备他人的前提下说出你的想法、需要和感觉，把这作为一种习惯。尝试在问题演化成冲突前积极沟通。练习运用以"我……"开头的信息语言，不要说"你快把我逼疯啦"或"都是你的错"或"你不应该那样做"或"你总是……"这样的话，换一种表达方式"我觉得……当……因为……我希望你……"（例如："我特生气，都计划好了咱们一起去看电影，你却迟到了，片头也错过了，你下次准时点，行吗？"）。做一个善于聆听的人。当对方讲话时，看着他们；回应对方所说；不要打断对方，但如果你有问题可以提问。当人们真正相互聆听时，许多矛盾也就慢慢化解了。

正向特质

青少年需要对自己的力量、目的、价值和承诺有一个强大的感知。

四个正向的辨识资产：

资产#37：个人力量
资产#38：自尊
资产#39：目标感
资产#40：积极看待前途和未来

孩子拥有越多的力量、目的、价值和承诺，就会成长得越健康。

资产#37

个人力量

孩子能掌控发生在自己身上的事情

45%参与调研的孩子拥有该资产

家庭

★ 在孩子的能力方面展示出信心。那些相信自己有能力的孩子具有个人力量。

★ 帮助孩子理解那些我们能掌控的和不能掌控的事物之间的区别。例如：我们可以控制自己的言行；我们无法控制别人的言语和行动。

★ 当问题产生了，鼓励孩子找出解决办法，多问"你打算怎么办？"

★ 让家里的孩子，无论年龄大小都参与作决定的过程。

★ 在孩子成长的每个阶段，给予他们作适龄决定的权利。

★ 当家庭成员谈到自己一天的生活时，鼓励每个人指出"受害者心态评论"和"个人力量评论"。例如："莎拉让我在课堂上讲话，结果让我陷入麻烦"是受害者心态评论。"其他孩子在取笑雅

建立内部资产

各布，但我却没有"是个人力量评论。

★帮助家庭成员养成健康的生活习惯。自我照顾是发展个人力量的一个极好方法。

★努力培养孩子建立社交能力（参见资产#32～36）。社交能力强的孩子对自己的个人力量似乎更有把握。

★鼓励孩子为他人服务（参见资产#26～27）。相信自己在这个世界上会有所成就的孩子拥有非常强大的个人力量。

学校

★无论学生感到无能为力还是力量强大，都要和他们交流。什么使他们产生这种差别？当他们感到无能为力时，是因为他们没有选择吗？当他们感到力量强大时，是因为可作选择吗？

★无论何时，现实要求我们给予学生选择的权利——各种分配任务，各种项目工作，写文章还是写诗歌。

★利用真实生活中克服逆境、改变他人生活的人们的故事，来加强"个人力量"的信息对大家的影响。

★强调每个学生控制自身行为的能力，并帮助那些有所欠缺的学生。

★在班级或学校提供意见箱。鼓励学生为改善学校提建议。尽量多地加以实施运用，并表彰那些贡献出个人想法的学生。

★欢迎学生参与学校决策。无论合适与否，让学生参与校风、校规、特殊活动和课程的制订。

★帮助老师找出保持课堂秩序、掌控学生的方法。

社区

★ 识别和肯定那些有良好判断力的青少年。

★ 通过选举,大胆地说出关系到每个人的问题,担当解决问题的能手来树立个人力量的榜样。

★ 青少年职业培训包含问题解决能力。

★ 让孩子参与解决社区青少年问题的政策中。安排重要职能角色,以体现对他们所作贡献的重视。

★ 培训与青少年共事的成年人,让他们肯定青少年的能力,并在任何有可能的情况下提供选择机会。

社群

★ 重视青少年儿童,让他们参与部分社群的计划和决策。

★ 就计划青少年项目活动,让孩子说出自己的心声。

★ 给青少年提供多个可选项,让他们可以选择最适合自己、最感兴趣或最需要的。

★ 给青少年儿童提供为他人服务的机会,让他们知道自己拥有改变世界的力量。

建立内部资产

资产#38

自尊

孩子对自己感觉良好

52%参与调研的孩子拥有该资产

家庭

★ 经常对孩子表达你的爱。每天都要告诉孩子他们对你有多重要。

★ 在便签上写下你喜欢的有关孩子的具体事情,把它们藏在孩子的房间里。

★ 赞美每个孩子的与众不同之处。重视和肯定他们的特别之处,无论是幽默感、电脑技术、歌声还是灿烂的笑容。

★ 当你的孩子犯错误或做错选择,就事论事,说明是某项选择的错误,而不是孩子不优秀。

★ 尊重孩子。仔细聆听,不要打断;认真交谈,而非喝令。

★ 一定要礼貌地拒绝孩子的请求,尽最大努力给孩子诚实而合理的拒绝理由。

★ 鼓励孩子把他们的收获写成日记,它最终会成为正向感受的

"一笔财富"。或者建立一本名为"我们做到了!"的家庭日记。在家庭会议中,让家庭成员单独命名他们个人的成就或留意到的其他家庭成员的成就,并定期庆祝这些成就。

学校

★ 利用分级制表示肯定和鼓励。这并不意味着白送给孩子分数,相反地,诚实地打分,并填写积极的评语。

★ 对论文、报告和测验提出一些有意义的评论。提供改进意见,填写积极评语。

★ 认真对待学生。询问他们的想法,倾听他们的评论和意见,肯定他们的能力和成就。

★ 教学生建设性地接受意见和尊重批评。

★ 尊重对待每个学生。鼓励每个人积极参与课堂讨论,确认和肯定个人才能。

社区

★ 多关注青少年。例如,在商店或电影院有秩序地排队,通过你的态度和行为来证明你重视青少年,并喜欢同他们交流。

★ 为青少年发展和加强自尊、自信提供相关课程和研习班。主题可以包含正向的自我对话,从错误中学习,接受赞美,提出请求。

★ 邀请专家来为父母讲授关于孩子如何建立自尊的知识。

★ 让青少年参与计划社区活动,之后庆祝他们的成就。

社群

★ 接受和肯定所有青少年的真我本色。赏识他们的个人天赋、能力和成就。

★ 就如何建立孩子的自尊，为父母举办研习班和研讨会。

★ 认识社群里的每一个青少年，当碰面时打招呼问候。

资产#39

目标感

孩子对生活抱有目标

63%参与调研的孩子拥有该资产

家庭

★通过自身告诉孩子，有目标感的生活意味着什么。做你认为重要的事情，发掘孩子的天赋，鼓励他们追求梦想。和孩子分享你的目标感，告诉他们你相信自己的生活是富有意义的。

★把鼓舞人心的名人名言贴在冰箱上，解释给你的孩子，指出这些语录是如何肯定你的价值观，激发你并帮助你坚定意志的。让孩子找出并贴出属于他们的名人名言。

★减少看电视、玩电脑、上网、打电话的时间。鼓励你的孩子用这些时间来开发和追求自己的兴趣爱好。

★让每个家庭成员列出5件热衷的事情。比较和讨论大家的"热情表"。有惊喜吗？若两个人都想做同一件事，可以一起吗？

★听孩子聊他们的梦想，和他们一起感受激情，问问孩子为了他们的梦想和兴趣，我们可以做些什么。

建立内部资产

★ 鼓励孩子参与依靠天赋和兴趣的活动。和其他有相同天赋和兴趣的成年人以及青少年建立联系网，看是否可以共同参加有意义的活动。

★ 和孩子一起，拜访拥有很强目标感的邻居或家庭。他（她）是如何找到目标的？是什么使他（她）坚持目标？

★ 给孩子机会，用各种方式找到和家庭价值观相符的有意义的事。

学校

★ 鼓励学生写下他们近期和长远的梦想和目标。定期和他们一起检查进展情况。让他们知道可以修改旧目标和设定新目标。

★ 帮助学生了解在校学习的目的是什么。例如，为什么阅读文学？因为可以更深刻地让我们理解他人和自己。

★ 把课堂所学和重要机会、需求以及世界问题绘制成关系图。

★ 让学生读一些励志的书籍和故事。

★ 给学生提供机会来思考和勾勒自己的未来。

★ 把服务学习纳入学校常规课程的一部分。让无私奉献于这个社会的学生知道，他们的生活是充满意义的。

社区

★ 让青少年儿童参与志愿者活动。赏识他们的技能、天赋和贡献。

★ 让你认识的青少年告诉你他们的梦想，再给他们鼓励和建议。一些青少年儿童的梦想会和你的生活目标、专长领域息息相关，你将成为他们的良师益友。

★给青少年提供有助于社区生活的有意义的机会。

★突出表扬那些为社区作出特别贡献的人。

社群

★明确地告诉孩子如何能在日常生活、职业选择、人际关系和行为举止上表现得更精彩，生活得更有意义。

★鼓励青少年反思、提问和发展自己的价值观。

★帮助青少年儿童发掘自己的天赋，为他们提供施展兴趣和才能的机会。

建立内部资产

资产#40

积极看待前途和未来

孩子以乐观的心态面对未来

75%参与调研的孩子拥有该资产

家庭

★用希望激发希望，以乐观感染乐观。期待着你和家庭的未来充满欢乐。

★不要忽视孩子天真、不切实际的想法。相反的，鼓励他们说出梦想，分享激情，帮助他们制订计划来实现梦想。

★消除家庭词汇表里的悲观词句。用"为什么不试一试？"替换"那没用的"，用"你自己不行"替换"我可以帮助你……"

★在你的社区乃至这个世界里，特别留意那些充满希望的迹象。不要只盯住眼下的错误或对未来的恐惧。

★和孩子一起，把对未来的担心绘制成图画，说一说画里的内容，然后撕掉他们。讨论当困难、恐惧、痛苦降临时，你是如何用勇气和力量战胜它们的。

★享受生活。留心欣赏每一个日落、每一顿晚餐、每一个搞笑的电视节目、每一只可爱的宠物、花园里的每一朵鲜花、收音机里播放的每一首歌曲，和你的孩子分享欢乐。

★顺其自然。抛开杂念，和孩子一起去打球、散步、看电影、玩游戏。随性本身就是充满希望的，当你突然选择做一些事时，是因为你内心也在期望度过一段美好时光。

学校

★鼓励和支持学生追求梦想。

★让学生接触有相似背景的正面榜样。这对那些来自问题家庭或困难家庭的学生是十分重要的，会帮助他们燃起对未来的希望。

★营造乐观的氛围。期望你的学生成功，即使他们得了低的分数也给予鼓励的话语："我知道你下次会做得更好。"

★让学生说出他们的梦想和对未来的目标。

社区

★帮助青少年设立激发希望的个人目标。

★鼓励孩子说出他们的恐惧——一些阻碍他们完成目标的事情。一旦找到恐惧的原因，就可以克服它。

★肯定和宣扬社区里好的方面，并乐观地看待社区的未来。

★公开宣布社区青少年福利承诺。列出致力于福利方面的内容，发表在当地报纸或社区网站上。这有助于激发全社区的乐观精神。

社群

★鼓励孩子说出他们的希望和梦想。

★给青少年传递希望是社群不可或缺的使命。

★开展一些对未来更有希望的项目。鼓励孩子多参与一些有希望、有创造力的活动,而不是总在解决问题。

资产建设的实际应用

以"Imani Circle.""Kuumba Class.""Lion's Den."为代表的兄弟项目,是由阿肯色州小盐城的自由山浸信会教堂设立的。这个项目旨在为邻里间面临的贫困和高犯罪率提供服务,源自帮助男性非裔美国人为健康和幸福找回他们自己的文化根源。

兄弟项目全部以正向特质和文化传承为背景,认真地为男性青少年提供组织、支持和机会。Imani Circle(斯瓦希里语信仰的意思)是指分享和肯定的时刻。在Kuumba Class(Kuumba在斯瓦希里语里面代表创造性)课上,男孩制作面具,捏出人物造型以及其他工艺品。Lion's Den是提供各种项目的娱乐室。

"作为黑人男性,(这些年轻人)在学校和社区里会感到被歧视,"项目负责人吉姆·坎宁安(Jimmy Cunningham)说,"在这个越来越多元化的世界里,为了与他人相处,追求舒适和自我建设已变得更加重要。"坎宁安说,兄弟资产建设项目已经帮助了一些孩子"更好地自立、成长起来"。

给青少年的小贴士

建立属于自己的资产

资产#37：个人力量

目标：能掌控发生在自己身上的事情

当你具备了个人力量，你会有自我安全感，对自己充满自信。你知道你可以选择，可以做决定，你对自己能做什么和不能做什么都有清晰的认识。

当你具备了个人力量，如果有好事发生，你不会认为"我想我是幸运的"。你知道是你的付出有了回报。好成绩不会从天而降，深厚的友情也不是自然产生的，是你的努力赢得了成绩、赢得了友谊。

另一方面，如果有不好的事情发生，你也不会认为"是我的错，都怪我，我糟糕透了"。相反，你会积极采取措施来争取补救。

如果你相信你生活里的太多事情被其他人掌控，你可以尝试做些改变。和父母、老师及其他总限制着你的成年人沟通，看他们是否同意给予你更多的选择。然后，当你做选择的时候，一定要坚持到底，说到做到，以此证明你的责任感、你的成熟，并赢得他人的信赖。这样才会拥有更多自我做决定的机会。

资产#38：自尊

目标：对自己感觉良好

自我对话——给自己传达的信息——对我们的自尊有很大的影

响。当你犯了错误，你会对自己说什么？"没什么大不了，每个人都会犯错"还是"我怎会那么傻？真不敢相信会是我做的"而当你成功的时候，你是会对自己说"是的！我做到了！"还是"我本可以做得更好"每个例子中，第一句是自尊的助推器，第二句则是自尊的粉碎机。

如果你消极地看待自己——当自我对话让自己感觉不好时——尝试用积极的想法来改变现状。不要犹豫，立即去做，你会觉得好很多。这样，你会形成大多数成功人士都拥有的习惯——自我肯定。

资产#39：目标感

目标：对生活有目标

你对生活有目标吗？如果有，你就拥有了这个重要资产。通过选择和行动来加强它，坚持你的目标，不允许任何人、任何事来干扰。另一方面，明白人和目标都是会改变的。不要让自己封闭在一条错误的通道里走向黑暗。

如果你不觉得生活需要目标，或者你认不清生活的方向，找个安静的时候思考一下，问问自己，什么对你是重要的，什么使你每一天最开心？你对未来的梦想是什么？你的天赋、兴趣、热情又是什么？从现在起的5年或10年里，你最想去哪里？最想做什么？若人生只能做一件事，会是什么？

这样的问题可以帮助你找到目标。每个人的人生都有意义，如果你仍然无法深信——如果你确实不能想象自己为什么会在这

里——那就找一个你信任和敬重的成年人聊一聊。试着找一个对生活充满强烈目标感的人，把你的感受告诉他，让他帮助和支持你找到人生的方向。

资产#40：积极看待前途和未来
目标：以积极乐观的心态面对未来

你如何看待自己的未来？开心抑或悲伤？工作中你是享受还是烦恼？你能与他人健康和睦地相处么？还是感到无限的孤独？

研究表明，当人们想象达成目标的画面时，就能促进真实发生的几率，梦想成真。这就是为什么你要积极地去憧憬自己美好的未来的重要原因，即使你不确定对你要完成的梦想或追求有多大把握，也要试着去做。让你的希望激励你，指引你前进的方向。

注意：为自己建立正向未来的一个方法就是持久地建立属于自己的发展性资产。如果你已读了全书"给青少年的小贴士"部分，那么你就知道哪些是你已具备的，哪些是你仍需要努力的。资产越多，成功的机会越多。

克服建设资产带来的挑战

对一些孩子来说,发展性资产的建设相当容易。当孩子和青少年有强大的家庭和社区做后盾——当他们被关爱的人群所包围——就不会有资产建设的阻碍,并受益于生活中遇到的正向机会。但是不具备这些的孩子呢?他们中一些已成为被虐待的对象,一些在贫困区长大,无法接触到正向活动及影响。一些孩子幼小的心灵受到无情的摧残——欺凌、精神压力、孤立、负面情绪、消极价值观——这使得正向影响无法实施。

通过全国范围内的调查,我们已经确认并掌握了一些青少年成功的障碍。我们把这些障碍称作"发展赤字"。孩子拥有的赤字越多,就越不太可能建立大量的资产。结果,孩子会接触更多的消极决定和选择,致使危险行为的发生。

近几年,我们研究了五个主要赤字:

1. 上学期间,每天没有任何理由地单独在家至少2个小时。
2. 每天至少看3小时电影或录像。
3. 参加朋友/同龄人饮酒或滥用药物的派对。
4. 被家人身体虐待。
5. 受到来自家庭以外的暴力伤害。

缺乏经济上的安全感也会破坏资产建设所做的努力。比如青少

年付不起学费，如何接受音乐或绘画课中的趣味知识？如果你无法支付校外实习的费用，上大学又有什么用呢？如果没有足够的食物营养，如何在课堂上保持充沛的精力？若父母为了贴补家用不得不做两份工作，又如何建立一个强大而温馨的家庭？

如果我们想要让自己的孩子成功，这些都是需要向社会呼吁解决的严重而困难的问题。所以，当我们专注于资产建设时，我们还得下决心防止赤字——克服这些阻碍健康和幸福的障碍。

帮助孩子克服赤字

在有关赤字的坏消息中，也有好消息：一些青少年战胜了困难。赤字并不一定决定孩子的失败，尽管障碍重重，有些青少年依然茁壮成长。为什么？因为他们的生活中有重要的资产会平衡和克服赤字。

可以改变青少年赤字的5件事

（1）让孩子参与成年人领导的有组织的活动。

（2）设置规范和限制。

（3）培养对教育的坚定承诺。

（4）不仅在家庭里，而且在生活中的各个方面提供支持和关爱。

（5）培养正向价值观和对他人的关心。

资产建设对这些孩子来说可能没有那么容易，但他们却做到了。这不需要多少金钱，最重要的是那些充满爱心的人能为孩子加油助威、提供机会以及充分的信任。有了这些支持，孩子会迅速回复活力，活出精彩。

形成资产意识

我们知道资产可以改变孩子的生活。我们的研究一再表明，当青少年拥有足够的发展性资产，无论是内部的还是外部的，都会引导他们走向健康、积极、丰富的生活。而且他们极少有可能陷入危险行为。从长远来看，青少年的资产建设一定会有超值的回报。它会帮助我们，作为一个社会整体少花些时间和资源在危机和困难上。但首先，我们整个社会需要形成资产意识。

你或许听说过一个传统非洲谚语："抚养一个小孩，需要全村人的心力。"换句话说，青少年不仅要从家里、学校、社区听到积极的信息，而且需要所听到的信息已加强作用于生活的各个方面。《孩子的教育》给家长、学校、社区、社群以及青少年自己提供了观点，因为青少年完全可以建立属于自己的资产，每个人都是天生的资产建设者。

资产的自我建设：8个要点

（1）读（或重读）《孩子的教育》序和引言部分，图表数据证明了资产在减少风险行为和增加正向行为方面的力量。请告诉其他人有关青少年儿童资产建设的重要性。

（2）从全新的角度读有关青少年的故事。当你在媒体或网络读了有关儿童成功的故事，试着找出他们在生活中所展示的是哪方面的资产。当读到有关儿童问题的故事，想想他们缺少的是哪些资产，如何在你的社区里建立这些资产。

（3）会见同事、老师、学校顾问、社会工作者或你认识的青少年工作者。聊聊他（她）的需求、兴趣和对社区的关注。把资产建设的理念传达给青少年，吸取他们的观点，大家相互交流。

（4）思考如何与青少年接触。当你在自己家里、学校、社区组织或和青少年儿童一起工作时，你是把大部分的注意力集中在干扰危机、预防问题上，还是促进资产方面上？你又如何拿出更多的精力用于资产建设？

（5）在社区会议或活动上分享你的想法。给大家一个机会来讨论你所描述的潜在信息。让全社区一起集思广益资产建设的办法。

（6）肯定他人资产建设的姿态与努力。告诉人们他们帮助孩子成功所做的一切都是积极而充满力量的。

（7）每周至少一次温习40个资产，并且每天至少运用1个资产，或者建立一个资产。

（8）着手建立一个资产。选择一个对你最重要的资产，将其作为你人生最首要的任务。例如：你或许会成为社区里某个青少年的导师，或者你决定花更多时间在家里陪孩子，会进行一个家庭服务的项目，又或者你只是决定对邻家的孩子更好一些——拜访他们，和他们聊天，相互交流，而不再是忽略他们。

单凭一个人无法改变整个社区，但是每个人都有着举足轻重的分量。

社区联合

根据不同社区的资产建设经验来看,我们已经积累了相当多的经验教训。我们知道个人承诺是关键,但是人们开始思考如何让大家共同建立资产也很重要。如何为街道、乡村、城市、州,甚至国家里的孩子建立资产,让其成为首要任务呢?似乎没有任何单独的策略可以随处通用,但当社区开始提出先前的问题时,他们已经发现一些强大的原则正在慢慢形成。

每个人都是主角。不仅仅是父母、学校、社区组织或政府发挥着重要作用,每个人都能够参与社区建设:老年人和儿童、单身成年人和夫妻、政客和公民、邻居和雇主、富裕家庭和低收入家庭、自由派和保守派——孩子需要我们。我们都能够对孩子和未来许一个共同的、充满希望的承诺。

资产建设侧重于人,而非程序化。人际关系是关键。良好的人际关系不在于是否有具体的程序——和邻居孩子打篮球,奶奶紧盯着公车站目送孩子们安全地到校上课。程序好似承载青少年和成年人之间的交通工具,但关键是那些随着人际关系成长起来的爱和支持。金钱不是万能的,奉献和关爱的人群才是最伟大的。

资产建设挖掘出尚未开发的资源。大多数人确实是在关心孩子,只是不知道该用何种具体的方式表达出来。许多社区为孩子和家庭都提供了完善的服务,但是他们都在太多的方面相互竞争和冲突。资产建设可以为人们和各组织的能量和资源指引明确积极的方向。

所有的孩子都需要资产建设。通常的青少年项目只关注"最好的"或者"最差的"孩子——即优等生或边缘少年。的确，这群孩子在某些方面需要特别关注，但是资产建设可以帮助所有的孩子。社区正在探索制定策略的重要性，它可以惠及各层面，而不仅只是一小撮有针对性的孩子。

完善每个社区。研究所已经调研了数百个社区，虽然每个社区都不相同，但所有社区——无论大小——都会在高水平资产的基础上变得更好。调研不是为了指出谁在哪里出现的问题更多，我们需要的是相互学习。

社区里的资产建设：8个要点

（1）鼓励全社区成员的参与。资产建设的愿景呼吁全社区关注对青少年的责任，所以让不同的受益者参与很重要。让有活力的市民们和起到平衡作用的领导者聚在一起。许多社区已经发展了各方代表组成的"愿景团队"——学校、政府、执法部门、服务机构、企业、医疗机构等——以及青少年、父母和其他市民，包括老年人和各民族人士，还有社会经济团体。

（2）从明确、积极正向的愿景开始。典型的全社区努力始于危机。通常这些解决眼前的危机的举措总是缺乏维持的能量或眼界。积极的愿景能够长期激励一个社区，还能帮助组织抛开政策和意识形态的议程和焦点，相反，其更关注对孩子和青少年福祉的共同承诺。

（3）基于可靠的信息。许多社区发现青少年调查是建设性和持久活动的催化剂。明确、可靠的信息可以给人们一个共享参考点

来反馈需求、现实和社区资源，以形成对未来的愿景。否则，你冒险形成的愿景和议程就不能充分地捕捉到社区里孩子和青少年的需求、问题和可能性。

（4）抵制创建新项目的诱惑。在最近几十年里，青少年问题的大部分反馈都已有计划、有目的地避免简单地发展另一个程序以应对一个特定的需求。资产建设里"愿景载体"最重要的任务是让健康的社区保持活力，促进个人和集体把资产建设作为自身使命和承诺的一部分。

（5）多激励和参与教育学习。资产建设是用一种全新而非传统的方式来思考社区和青少年。其中很重要的一点是其从不假设每个人都自然而然地理解其结构和意义。多温习资产的关键信息来为更缜密、全面的反馈打下基础。

（6）庆祝奉献和成功。资产建设是一项长期工程，不是速成法。但是当社区踏上了这趟征程，观察、庆祝和谈论沿途发生具有标志意义的事件是很重要的，如青少年的新意识、话题的转换、热情和承诺的分享。这些故事可以让我们再次迸发出能量，投入奉献精神中。

（7）拥抱社区的革新。一旦人们向资产建设的愿景看齐，寻找培养资产方法的创造力将是惊人的。鼓励这种革新的关键是打破旧形式，探索新方式来为孩子重建社区。

比如缅因州草根创新的"助跑计划"。首次非暴力犯罪的青少年必须接受孩子健康成长的教育课程，而不是通过法庭的审判。这个项目被称作"助跑计划"，每个青少年配有一位志愿者导师来帮助他完成整个8周的学习计划。修读此项课程的青少年已经成立了校友群来巩固他们所吸收的正向信息。

（8）社区网络。当许多社区率先开始资产建设时，还没有人知道最终结果，没有人能确切地知道一切将如何发展下去，但是每个社区每天都在汲取新东西。通过网络分享故事和观点，我们将会不停地探索那些可行的和不可行的，让梦想照进现实。

资产强大的社区

随着越来越多的各地社区投入资产建设，每个社区都将在一定程度上保留其独有的特色，充分体现出个性和当地居民的重要性。但有些事情极有可能会发生在每一个资产强大的社区里：

★父母将接受家长教育和支持来巩固家庭，掌握资产建设的技能。

★青少年项目将会特别努力，以确保所有青少年都能参与积极的、有建设性的活动。

★社区将会就一些重要的问题达成共识，将积极的价值观和希望传给下一代。

★青少年被视为社区的领导者和建设者。

★年龄的界限将会慢慢淡化，孩子经常和各年龄段的人接触。

★青少年雇主、老师、教练都会接受有关资产建设的培训。

★学校会尽最大努力来营造学术气氛。

★社区里各种各样的组织经常相互独立运作——政府、企业、学校、家庭——为孩子而合作。

这些只是资产建设受益的一小部分。随着社区资产的不断壮大，更多美好的事情都将发生。帮助孩子成功的承诺充满力量，感染着我们每一个人。越多的人欣赏并加入到资产建设的队伍中，未来就会越光明，越有希望——不仅对孩子，而是我们所有人。

资产建设的资源

你可以从每一本好书或每一个网站中找到你所需要的,有关养育、教育和指导孩子方面的青少年资产建设的信息。当你接触到越多的资产建设时,你就会试图查询当地图书馆或书店,获取更多信息。以下是我们推荐的精选图书和网站列表。

提供给父母的资源

书

彼得·L·本森,《火花:父母如何帮助青少年激发暗藏的优势》(旧金山:巴斯出版社,2008年)。

Benson, Peter L., Sparks: How Parents Can Help Ignite the Hidden Strengths of Teenagers (San Francisco: Jossey-Bass, 2008).

罗伯特·布鲁·克斯和山姆·戈尔茨坦,《培养自律的孩子:帮助你的孩子成为更有责任感、自信、适应能力的人》(纽约:麦格劳-希尔公司,2007年)。

Brooks, Robert, and Sam Goldstein, Raising a Self-Disciplined Child: Help Your Child Become More Responsible, Confident, and Resilient (New York: McGraw-Hill, 2007).

克里斯汀·查特,《提升幸福:简单10步让你成为快乐的孩子,快乐的父母》(纽约:百龄坛出版社,2010年)。

Charter, Christine, Raising Happiness: 10 Simple Steps for More Joyful Kids and Happier Parents（New York: Ballantine Books, 2010）.

劳瑞·大卫和克里斯汀·安瑞赫德,《家庭晚餐:与孩子沟通的最佳方式,一次一餐》(纽约:中央车站的生活与时尚,2003年)。

David, Laurie, and Kristin Uhrenholdt, The Family Dinner: Great Ways to Connect with Your Kids, One Meal at a Time（New York: Grand Central Life & Style, 2003）.

老唐·丁克迈耶和加里·D·麦凯和小唐·丁克迈耶,《家长手册:父母效能系统训练》(肯塔基州,鲍灵格林镇:STEP出版社,2007年)。

Dinkmeyer, Don, Sr., Gary D. McKay, and Don Dinkmeyer, Jr., The Parent's Handbook: Systematic Training for Effective Parenting（Bowling Green, KY: STEP Publishers, 2007）.

玛丽安·赖特·埃德尔曼,《衡量我们成功的标准:一封给你和孩子们的信》(纽约:哈珀·柯林斯出版社,1993年)。

Edelman, Marian Wright, The Measure of Our Success: A Letter to My Children and Yours（New York: HarperCollins, 1993）.

唐·艾里姆和珍妮·艾里姆,《养育儿子:父母和健康男性的塑造,第三版》(加利福尼亚州,伯克利:天文艺术出版社,2004年)。

Elium, Don, and Jeanne Elium, Raising a Son: Parents and the Making of a Healthy Man, Third Edition（Berkeley, CA: Celestial Arts, 2004）.

珍妮·艾里姆和唐·艾里姆,《养育女儿:父母与健康女性的唤醒，修订版》（加利福尼亚州，伯克利：天文艺术出版社，2003年）。

Elium, Jeanne, and Don Elium, Raising a Daughter: Parents and the Awakening of a Healthy Woman, Revised Edition（Berkeley, CA: Celestial Arts, 2003）.

谢丽尔·范斯坦，《走进孩子的世界：轻松育儿》（马里兰州，兰哈姆：教育出版社，2009年）。

Feinstein, Sheryl, Inside the Teenage Brain: Parenting a Work in Progress（Lanham, MD: Rowman & Littlefield Education, 2009）.

约翰·戈特曼，《养育的核心：如何提高孩子的情商》（纽约：家庭生活出版社，1998年）。

Gottman, John, The Heart of Parenting: How to Raise an Emotionally Intelligent Child（New York: Fireside, 1998）.

丹·金德伦和迈克尔·汤普森，《该隐的封印：揭开男孩世界的残忍文化》（纽约：百龄坛出版社，2000年）。

Kindlon, Dan, and Michael Thompson, Raising Cain: Protecting the Emotional Life of Boys（New York: Ballantine Books, 2000）

琳达·梅特卡夫，《育儿方案：教父母如何用现有技能提高对孩子的关爱与责任感》（新泽西，英格伍德克里夫：普伦蒂斯·霍尔出版社，1997年）。

Metcalf, Linda, Parenting Toward Solutions: How Parents Can Use the Skills They Already Have to Raise Responsible, Loving Kids（Englewood Cliffs, NJ: Prentice Hall, 1997）.

简·尼尔森和林恩·洛特，《青少年的正向管教：感受仁爱健

全的家庭教育》(纽约：三江出版社，2000年)。

Nelsen, Jane, and Lynn Lott, Positive Discipline for Teenagers: Empowering Your Teen and Yourself Through Kind and Firm Parenting (New York: Three Rivers Press, 2000).

金·约翰·佩恩和丽莎·M·罗斯，《简单育儿：事半功倍培养更平和、快乐、无忧虑的孩子》(纽约：百龄坛出版社，2009年)。

Payne, Kim John, and Lisa M. Ross, Simplicity Parenting: Using the Extraordinary Power of Less to Raise Calmer, Happier, and More Secure Kids (New York: Ballantine Books, 2009).

玛丽·皮弗，《拯救奥菲莉亚：青春期少女的自我保护》(纽约：河源贸易出版社，2005年)。

Pipher, Mary, Reviving Ophelia: Saving the Selves of Adolescent Girls (New York: Riverhead Trade, 2005).

迈克尔·莱拉，《如何与青少年保持联系：交谈与聆听》(马萨诸塞州，剑桥大学：大卡波出版社，2003年)。

Riera, Michael, Staying Connected to Your Teenager: How to Keep Them Talking to You and How to Hear What They're Really Saying (Cambridge, MA: Da Capo Press, 2003).

劳伦斯·斯坦伯格和安·莱文，《你和你的青少年：10~25岁必备指南，新版修订版》(纽约：西蒙&舒斯特出版公司，2011年)。

Steinberg, Laurence, and Ann Levine, You and Your Adolescent: The Essential Guide for Ages 10–25, New and Revised Edition (New York: Simon & Schuster, 2011).

大卫·沃尔什，《不：为什么全年龄段的孩子要听，父母要说》（纽约：自由出版社，2007年）。

Walsh, David, No: Why Kids—of All Ages—Need to Hear It and Ways Parents Can Say It（New York: Free Press，2007）.

《有其母必有其子》（纽约：自由出版社，2011年）。

Smart Parenting, Smarter Kids（New York: Free Press，2011）

《他们为什么那么做？青春期生存指南》（纽约：自由出版社，2004年）。

Why Do They Act That Way? A Survival Guide to the Adolescent Brain for You and Your Teen（New York: Free Press，2004）.

米里亚姆·温斯坦，《家庭聚餐的神奇力量：如何通过用餐让我们更加聪明，强壮，健康，快乐》（新罕布什尔州，汉诺威：史特福斯出版社，2006年）。

Weinstein, Miriam, The Surprising Power of Family Meals: How Eating Together Makes Us Smarter, Stronger, Healthier, and Happier（Hanover, NH: Steerforth Press，2006）.

安东尼·E·沃尔夫，《别管我，但能否先把我和谢莉儿送到购物中心？给新一代青少年父母的手册》（纽约：法勒，斯特劳斯＆吉劳克斯出版社，2002年）。

Wolf, Anthony E., Get Out of My Life, But First Could You Drive Me and Cheryl to the Mall? A Parent's Guide to the New Teenager（New York: Farrar, Straus & Giroux，2002）.

网站

时代的对话：青少年和父母的谈话

Conversation Generation: Teens and Parents Talking（www.hhs.gov/ash/oah/resources-and-publications/info/parents/）

该网站由美国青少年健康办公室（OAH）创办，就各种棘手话题提供了大量信息，重点帮助父母和青少年坦诚地面对性及相关问题。OAH的网站还包括很多发展性资产的信息。

纽约大学儿童研究中心

NYU Child Studies Center（www.aboutourkids.org/families）

该网站提供了广泛的育儿信息，包括医疗和发展课题。

父母还可以做的

ParentFurther（www.ParentFurther.com）

其是由研究所创办，帮助父母利用资产建设的方法每天逐步应对育儿问题的网站。该网站还提供有关亲子技巧的免费电子期刊。

提供给学校的资源

书

詹姆斯·考纳，《等待奇迹：为什么学校不能解决我们的问题——我们又能如何》（纽约：杜登出版社，1997年）。

Comer, James, Waiting for a Miracle: Why Schools Can't Solve Our Problems—and How We Can（New York: Dutton, 1997）。

理查德·柯文博士，《重新发现希望：我们最伟大的教学策略》（印第安纳州，布卢明顿：国家教育服务中心，1992年）。

Curwin, Dr. Richard, Rediscovering Hope: Our Greatest Teaching Strategy（Bloomington, IN: National Educational Service, 1992）.

内奥米·德鲁，《学习调解技能：小学生交流、合作、解决冲突、修正和扩展的活动指南》（加利福尼亚州，托兰斯：加尔玛出版社，1995年）。

Drew, Naomi, Learning the Skills of Peacemaking: An Activity Guide for Elementary-Age Children on Communicating, Cooperating, Resolving Conflict, Revised and Expanded（Torrance, CA: Jalmar Press, 1995）.

艾伦·门德勒博士，《当……我该做什么？如何有尊严地维持课堂秩序》（印第安纳州，布卢明顿：Solution Tree，2007年）。

Mendler, Dr. Allen, What Do I Do When …? How to Achieve Discipline with Dignity in the Classroom（Bloomington, IN: Solution Tree, 2007）.

简·尼尔森和H·斯蒂芬·格伦，《暂停：一本指导家长和教师运用流行的训练方法来加强和鼓励孩子的手册》（加利福尼亚州，费尔奥克斯：阳光出版社，1992年）。

Nelsen, Jane, and H. Stephen Glenn, Time Out: A Guide for Parents and Teachers Using Popular Discipline Methods to Empower and Encourage Children（Fair Oaks, CA: Sunrise Press, 1992）.

西奥多·R·萨泽和南希·浮士德·萨泽，《学生们正在关注：

学校和道德契约》（波士顿：灯塔出版社，1999年）。

Sizer, Theodore R., and Nancy Faust Sizer, The Students Are Watching: Schools and the Moral Contract (Boston: Beacon Press, 1999).

托德·惠特克，《优秀教师做不同：14件最重要的事》（纽约，拉奇蒙特：关注教育机构，2004年）。

Whitaker, Todd, What Great Teachers Do Differently: 14 Things That Matter Most (Larchmont, NY: Eye On Education, 2004).

网站

CASEL：学术协作、社会和情感学习的网站

CASEL: Collaborative for Academic, Social, and Emotional Learning (www.casel.org)

CASEL是一个致力于支持学生在学校和生活中获得成功的国家组织。该网站提供背景信息、新闻、技巧和工具。

国立学校气候中心

National School Climate Center (www.schoolclimate.org)

该组织专注于构建更安全、更有支持性的学校环境来满足学生的社会和情感上的需求，以及他们的学术目标。

安全的和支持性的学校

Safe and Supportive Schools (safesupportiveschools.ed.gov)

其由美国教育部创建，该网站提供了广泛的资源来为幼儿园至高中的学校创造积极条件。

提供给社区的资源

书

彼得·L·本森,《所有的孩子都是我们的孩子:社区必须积极培养充满爱心和责任心的儿童和青少年,第二版》(旧金山:巴斯出版社,2006年)。

Benson, Peter L., All Kids Are Our Kids: What Communities Must Do to Raise Caring and Responsible Children and Adolescents, Second Edition (San Francisco: Jossey-Bass, 2006).

加里·保罗·格林和安娜·L·海恩斯,《资产建设&社区发展,第三版》(加利福尼亚州,千橡市:塞吉出版集团,2011年)。

Green, Gary Paul, and Anna L. Haines, Asset Building & Community Development, Third Edition (Thousand Oaks, CA: Sage Publications, 2011).

弗雷德·M·黑辛格尔,《改变世界的伟大抉择:21世纪的健康青少年》(纽约:希尔和王出版社,1993年)。

Hechinger, Fred M., Fateful Choices: Healthy Youth for the 21st Century (New York: Hill and Wang, 1993).

南·亨德森(编辑),《逆境中成长:青少年、家庭、社区克服风险和建立优势的实践理念》(加利福尼亚州,欧吉亚:逆境中成长,2007年)。

Henderson, Nan (editor), Resiliency in Action: Practical Ideas for Overcoming Risks and Building Strengths in Youth, Families, and Communities (Ojai, CA: Resiliency in Action, 2007).

莎拉·L·希尔，《课外活动：连接青少年发展和学生成绩的创意项目》（加利福尼亚州，千橡市：科文出版社，2007年）。

Hill, Sara L., Afterschool Matters: Creative Programs That Connect Youth Development and Student Achievement（Thousand Oaks, CA: Corwin Press, 2007）.

约翰·P·克雷茨曼和约翰·麦克奈特，《从内到外构建社区》（伊利诺伊州，埃文斯顿：埃文西北大学城市事务与政策研究中心，1993年）。

Kretzmann, John P., and John McKnight, Building Communities from the Inside Out（Evanston, IL: Northwestern University Center for Urban Affairs and Policy Research, 1993）.

尤金·C·勒尔克普尔泰恩，《建立社区中教育服务的组织：开设和持续高品质项目的实践指南》（加利福尼亚州，斯科茨溪谷：国家服务学习信息中心，2009年）。

Roehlkepartain, Eugene C., Service-Learning in Community-Based Organizations: A Practical Guide to Starting and Sustaining High-Quality Programs（Scotts Valley, CA: National Service-Learning Clearinghouse, 2009）.

网站

社区工具箱网站

The Community Tool Box（ctb.ku.edu）

其由堪萨斯大学成立，提供其收藏的丰富的社区建设各阶段的实用工具。

21岁前做好准备

Ready by 21（www.readyby21.com）

该网站是国家合作伙伴，支持大型社区动员计划。重点确保所有青少年为大学、工作、迎接21岁做好准备。

研究所

Search Institute（www.search-institute.org）

研究所网站提供了大量发展性资产的信息，以及如何与其他社区合作从事资产建设的方案。

提供给社群的资料

书

克拉克·查普，《伤害2.0：走进当今青少年的世界》（密歇根州，大急流城：贝克学术中心，2011年）。

Clark, Chap, Hurt 2.0: Inside the World of Today's Teenagers（Grand Rapids, MI: Baker Academic, 2011）.

肯达·克雷斯·迪安和罗恩·福斯特，《怀道的生命：灵魂抚育青少年事工的艺术》（纳什维尔：Upper Room出版社，2005年）。

Dean, Kenda Creasy, and Ron Foster, The Godbearing Life: The Art of Soul Tending for Youth Ministry（Nashville: Upper Room, 2005）.

马克·德弗里斯，《家族式青少年事工、修改版和增订版》（伊利诺伊州，答那格鲁：校园出版社，2004年）。

DeVries, Mark, Family-Based Youth Ministry, Revised and

Expanded Edition（Downers Grove，IL: InterVarsity Press，2004）.

休斯顿·赫夫林，《青年牧师：青少年事工的宗教体系与实践》（纳什维尔：阿宾顿出版社，2009年）。

Heflin，Houston，Youth Pastor: The Theology and Practice of Youth Ministry（Nashville: Abingdon Press，2009）.

乔利尼·L·勒尔克普尔泰恩和尤金·C·勒尔克普尔泰恩，《拥抱父母：如何让你的教会巩固家庭》（纳什维尔：阿宾顿出版社，2005年）。

Roehlkepartain，Jolene L.，and Eugene C. Roehlkepartain，Embracing Parents: How Your Congregation Can Strengthen Families（Nashville: Abingdon，2005）.

克里斯蒂娜·史密斯和玛丽娜·伦德奎斯特·丹顿，《灵魂搜索：美国青少年的宗教和精神生活》（纽约：牛津大学出版社，2005年）。

Smith，Christian，and Melina Lundquist Denton，Soul Searching: The Religious and Spiritual Lives of America's Teenagers（New York: Oxford University Press，2005）.

马克·雅可尼里，《沉思的青年事工：与耶稣同在的实践》（密歇根州，大急流城：桑德凡/青少年专业出版社，2006年）。

Yaconelli，Mark，Contemplative Youth Ministry: Practicing the Presence of Jesus（Grand Rapids，MI: Zondervan/Youth Specialties，2006）.

凯伦·玛丽·亚斯特和奥斯特·N·约翰逊，桑迪·E·萨索和尤金·C·勒尔克普尔泰恩（编辑），《丰富儿童与青少年的精神世界：世界宗教传统透析》（马里兰州，兰哈姆：Rowman和Littlefield出版社，2006年）。

Yust, Karen Marie, and Aostre N. Johnson, Sandy E. Sasso, and Eugene C. Roehlkepartain（editors）, Nurturing Child and Adolescent Spirituality: Perspectives from the World's Religious Traditions（Lanham, MD: Rowman and Littlefield, 2006）.

网站

学习交流中形成信仰

Faith Formation Learning Exchange（www.faithformationlearningexchange.net）

该组织提供了基督教教会中儿童、青少年、家庭和成年人共事的研究性信息。

跨信仰青少年核心

Interfaith Youth Core（www.ifyc.org）

IFYC汇集了来自不同宗教背景的年轻人，他们在相同价值观的基础上，朝着共同的目标奋斗。

北美犹太教育服务机构

Jewish Education Service of North America（www.jesna.org）

JESNA提供了各种研究、工具和服务来加强青少年和成年人的犹太教育。该网站包括一个丰富的在线资料中心。

提供给青少年的资源

书

明迪·宾汉,朱迪·埃德蒙森和桑迪·史崔克,《挑战:一本自我意识和个人计划的男性青少年杂志》(加利福尼亚州,圣芭芭拉:倡导出版社,2005年)。

Bingham, Mindy, Judy Edmondson, and Sandy Stryker, Challenges: A Young Man's Journal for Self-Awareness and Personal Planning (Santa Barbara, CA: Advocacy Press, 2005).

《选择:一本自我意识和个人计划的女性青少年杂志》(加利福尼亚州,圣芭芭拉:倡导出版社,2006年)。

Choices: A Teen Woman's Journal for Self-Awareness and Personal Planning (Santa Barbara, CA: Advocacy Press, 2006).

杰克·坎菲尔德和肯特·希利,《青少年成功的原则:如何突破自我,实现自我》(福罗里达州,迪尔菲尔德海滩:HCI出版社,2008年)。

Canfield, Jack, and Kent Healey, The Success Principles for Teens: How to Get from Where You Are to Where You Want to Be (Deerfield Beach, FL: HCI, 2008).

柯维·肖恩,《6个你将会做的重要决定:青少年指南》(纽约:百龄坛出版社,2006年)。

Covey, Sean, The 6 Most Important Decisions You'll Ever Make: A Guide for Teens (New York: Fireside, 2006).

拉比·吉尔·雅各布斯,《正义之家:一本犹太社区宣扬社会正义的手册指南》（康涅狄格州，伍德斯托克：Jewish Lights Pub出版社，2011年）。

Jacobs, Rabbi Jill, Where Justice Dwells: A Hands-On Guide to Doing Social Justice in Your Jewish Community（Woodstock, CT: Jewish Lights Pub，2011）.

《孩子们随意的善举》（加利福尼亚州，伯克利：Conari出版社，1994年）。

Kids' Random Acts of Kindness（Berkeley, CA: Conari Press，1994）.

网站

孩子们可以做什么

What Kids Can Do（www.whatkidscando.org）

"孩子们可以做什么"是一个促进和支持青少年和成年人之间的相互合作，让社区更加美好的组织。该网站提供其工作和青少年生活的文章故事和视角观点。

茁壮成长

Youthrive（www.youthrive.net）

非盈利性组织，旨在促进青年和成年人之间的合作，让和平建设活动融入每个人的生活、社区乃至全世界。

来自研究所的资源

通过发起"健康社区·健康青少年"倡议活动，研究所为青少年

资产建设和健康社区的创建提供了大量实用资源。包括内容如下：

★《关爱孩子的150个方法》茱莲妮·L·勒尔克普尔泰恩

150 Ways to Show Kids You Care by Jolene L. Roehlkepartain

★《问我去哪里&当今青少年流露的信息》Ruth Taswell编辑

Ask Me Where I'm Going & Other Revealing Messages from Today's Teens edited by Ruth Taswell

★《资产：以健康社区和健康青少年为主题方向的杂志》（季刊）

Assets: The Magazine of Ideas for Healthy Communities & Healthy Youth（quarterly magazine）

★《资产活动家的百宝箱：资产实际应用的手册和实用资源》茱莲妮·L·勒尔克普尔泰恩

The Asset Activist's Toolkit: Handouts and Practical Resources to Put Assets into Action by Jolene L. Roehlkepartain

★《最好的资产建设合集：帮助青少年成功的最受欢迎团队活动》茱莲妮·L·勒尔克普尔泰恩

The Best of Building Assets Together: Favorite Group Activities That Help Youth Succeed by Jolene L. Roehlkepartain

★《教会中的资产建设：帮助青少年健康成长的实践指南》尤金·C·勒尔克普尔泰恩

Building Assets in Congregations: A Practical Guide for Helping Youth Grow Up Healthy by Eugene C. Roehlkepartain

★《减少资产建设风险：我的课程表》安吉拉·哲贝克硕士

Building Assets Reducing Risks: I-Time Curriculum by Angela

Jerabek, M.S.

★《发展性资产概况》(DAP)

Developmental Assets Profile (DAP)

★《赋予青年:如何鼓励青年领袖做伟大的事情》凯莉·柯蒂斯

Empowering Youth: How to Encourage Young Leaders to Do Great Things by Kelly Curtis

★《家长们动起来!鼓励每个家庭的小行动、大作为》南希·泰勒特-罗伊斯和苏珊·乌顿

Engage Every Parent! Encouraging Families to Sign On, Show Up, and Make a Difference by Nancy Tellett-Royce and Susan Wootten

★《学生们动起来:教师和家长的激励方法》教育学博士伊丽莎白·卡比和教育学硕士吉尔·麦克唐纳

Engage Every Student: Motivation Tools for Teachers and Parents by Elizabeth Kirby, Ed.D., and Jill McDonald, M.Ed

★《脆弱的基石:美国青少年发展性资产状况》彼得·L·本森,彼得·C·斯凯兹,尤金·C·勒尔克普尔泰恩和南希·莱弗特

A Fragile Foundation: The State of Developmental Assets Among American Youth by Peter L. Benson, Peter C. Scales, Eugene C. Roehlkepartain, and Nancy Leffert

★《发展性资产的发展结果:衡量成功的青年项目和社区的十个步骤来》黛博拉·费舍尔,帕梅拉·伊姆,马修·陈曼,安倍·万德斯曼

Getting to Outcomes with Developmental Assets: Ten Steps to Measuring

Success in Youth Programs and Communities by Deborah Fisher, Pamela Imm, Matthew Chinman, and Abe Wandersman

★《学习的天堂：帮助学生成功的理想的资产建设学校》尼尔·斯达克曼博士，彼得·C·斯凯兹博士和科雷罗·伯茨硕士

Great Places to Learn: Creating Asset-Building Schools That Help Students Succeed by Neal Starkman, Ph.D., Peter C. Scales, Ph.D., and Clay Roberts, M.S.

★《在学校过得好么？教师工作满意度启发性谈话》南森·埃克伦德，教育学硕士

How Was Your Day at School? Improving Dialogue About Teacher Job Satisfaction by Nathan Eklund, M.Ed.

★《父母的观点》（CD）

Ideas for Parents（CD）

★《让课外生活擦出火花》

Igniting Sparks Out-of-School Kit

★《即时资产：52封资产信息的精简电子邮件》研究所职员

Instant Assets: 52 Short and Simple E-Mails for Sharing the Asset Message by Search Institute Staff

★《青少年成长道路：育儿过渡期》帕特丽夏·胡里汉

Launching Your Teen into Adulthood: Parenting Through the Transition by Patricia Hoolihan

★《学习、服务、成功：青年服务培训方法与技术》凯特·麦克弗森

Learn, Serve, Succeed: Tools and Techniques for Youth Service-

Learning by Kate McPherson

★《条条大道通罗马：如何让发展性资产加强你的青少年计划》伊冯·皮尔森，克里斯汀·约翰斯塔德和詹姆斯·康威
More Than Just a Place to Go: How Developmental Assets Can Strengthen Your Youth Program by Yvonne Pearson, Kirstin Johnstad, and James Conway

★MVParents.com访问www.mvparents.com获取研究所提供的大量免费亲子教育资源
MVParents.com Visit www.mvparents.com for a wealth of free parenting resources by Search Institute

★《家长，老师，导师，朋友：我们如何改变孩子的生活》彼得·L·本森
Parent, Teacher, Mentor, Friend: How Every Adult Can Change Kids' Lives by Peter L. Benson

★《青少年成长同步教育：日常问题的积极建议》瑞妮·霍华德
Parenting at the Speed of Teens: Positive Tips on Everyday Issues by Renie Howard

★《有目的的青春期前的教育：顺利度过青春期》凯特·汤姆森
Parenting Preteens with a Purpose: Navigating the Middle Years by Kate Thomsen

★《方向性育儿：培养自信、友爱的青少年的积极方法》迪恩·菲尔德梅尔和尤金·C·勒尔克普尔泰恩
Parenting with a Purpose: A Positive Approach for Raising Confident,

Caring Youth by Dean Feldmeyer and Eugene C. Roehlkepartain

★《传承！资产建设者必备手册》茱莲妮·L·勒尔克普尔泰恩

Pass It On! Ready-to-Use Handouts for Asset Builders by Jolene L. Roehlkepartain

★《螺旋桨：打开话匣速成班》Tenessa Gemelke

Propellers: Quick Lessons to Launch Good Conversations edited by Tenessa Gemelke

★《学校资产建设快速入门指南：从无意识到有意识》黛博拉·戴维斯和丽莎·瑞斯

A Quick Start Guide to Building Assets in Your School: Moving from Incidental to Intentional by Deborah Davis and Lisa Race

★《安全的学习地方：帮助学生促进学校友爱氛围的21堂课》保罗·苏利

Safe Places to Learn: 21 Lessons to Help Students Promote a Caring School Climate by Paul Sulley

★《激发学生的积极性：掌握101个简单合作活动》茱莲妮·L·勒尔克普尔泰恩

Spark Student Motivation: 101 Easy Activities for Cooperative Learning by Jolene L. Roehlkepartain

★《谈到发展性资产：资源与策略》尼尔·斯达克曼博士和科雷·罗伯茨硕士

Speaking of Developmental Assets: Presentation Resources and Strategies by Neal Starkman，Ph.D.，and Clay Roberts，M.S.

★《好教员,好学生:学校和青少年项目的专业性发展》安吉拉·哲贝克硕士和南希·泰勒特-罗伊斯

Strong Staff, Strong Students: Professional Development in Schools and Youth Programs by Angela Jerabek, M.S., and Nancy Tellett-Royce

★《支持青少年:如何用有意义的方式爱护、沟通、联系》南希·泰勒特-罗伊斯

Supporting Youth: How to Care, Communicate, and Connect in Meaningful Ways by Nancy Tellett-Royce

★《迸发潜力:发掘教会在青少年资产建设中的作用》格伦·A·西斐德和尤金·C·勒尔克普尔泰恩

Tapping the Potential: Discovering Congregations' Role in Building Assets in Youth by Glenn A. Seefeldt and Eugene C. Roehlkepartain

★《训练朋辈助手》芭芭拉·B·瓦伦豪斯特

Training Peer Helpers by Barbara B.Varenhorst

★《谁,我吗?与众不同且令人惊讶的可行途径》Tenessa Gemelke

Who, Me? Surprisingly Doable Ways You Can Make a Difference edited by Tenessa Gemelke

索取研究所当前目录,请联系:

研究所

第一大道东北街角615号,125区

明尼阿波利斯市,明尼苏达州,邮编55413

免费电话:1-800-888-7828

明尼阿波利斯/圣·保罗：（612）376-8955

电子邮件：si@search-institute.org

www.search-institute.org

Search Institute

615 First Avenue NE，Suite 125

Minneapolis，MN 55413

Toll-free telephone: 1-800-888-7828

In Minneapolis/St. Paul:（612）376-8955

email: si@search-institute.org

www.search-institute.org

来自自由精神出版社的资源

　　自由精神出版社成立于1983年，专营孩子、家长、教师类的书籍和学习资料。其发行的许多书籍都包含资产发展方面的内容，包括如下：

★ 《给孩子的附加资产系列丛书》帕米拉·埃斯普兰德和伊丽莎白·维迪克

　　The Adding Assets Series for Kids by Pamela Espeland and Elizabeth Verdick

★ 《令人头疼的恃强凌弱者》图特·雷弗罗曼

　　Bullies Are a Pain in the Brain written and illustrated by Trevor Romain

★ 《完整的服务学习指南：引导学生参与公民责任、学术课程和社

会行动的命题与实践方法》凯瑟琳·伯杰·凯耶硕士

The Complete Guide to Service Learning: Proven, Practical Ways to Engage Students in Civic Responsibility, Academic Curriculum, & Social Action by Cathryn Berger Kaye, M.A.

★《行善在一起：家庭、学校和社区的101个简单有意义的服务项目》詹妮·弗里德曼博士和茱莲妮·L·勒尔克普尔泰恩

Doing Good Together: 101 Easy, Meaningful Service Projects for Families, Schools, and Communities by Jenny Friedman, Ph.D., and Jolene L. Roehlkepartain

★《日常领导力：态度和行动，尊重和成功》玛利亚姆·G·麦克格瑞格硕士

Everyday Leadership: Attitudes and Actions for Respect and Success by Mariam G. MacGregor, M.S.

★《对付看不见的老虎：青少年心理减压自助手册》厄尔·希普

Fighting Invisible Tigers: Stress Management for Teens by Earl Hipp

★《走进蓝色世界：拯救我们的海洋、湖泊、河流和湿地的青少年手册》凯瑟琳·伯杰·凯耶硕士和菲利普·康斯塔

Going Blue: A Teen Guide to Saving Our Oceans, Lakes, Rivers, & Wetlands by Cathryn Berger Kaye, M.A., and Philippe Cousteau

★《成长中的好孩子：增强自我意识、同情心、领导力的28项活动》德布·迪莱尔和吉姆·迪莱尔博士（仅供电子版）

Growing Good Kids: 28 Activities to Enhance Self-Awareness, Compassion, and Leadership by Deb Delisle and Jim Delisle, Ph.D.

（eBook only）

★《勇士之心：美丽人生的7个古老秘密》吉姆·朗格拉斯

Heart of a Warrior: 7 Ancient Secrets to a Great Life by Jim Langlas

★《如何独立完成家庭作业》特雷·弗罗曼

How to Do Homework Without Throwing Up written and illustrated by Trevor Romain

★《我就是我：赞美孩子与众不同、欣赏他人、和睦相处的诗歌》朱迪·拉里

I Like Being Me: Poems for Children About Feeling Special，Appreciating Others，and Getting Along by Judy Lalli

★《儿童指南——帮助他人阅读&成功》凯瑟琳·伯杰·凯耶硕士

A Kids' Guide to Helping Others Read & Succeed by Cathryn Berger Kaye，M.A.

★《儿童指南——饥饿&流浪》凯瑟琳·伯杰·凯耶硕士

A Kids' Guide to Hunger & Homelessness by Cathryn Berger Kaye，M.A.

★《儿童指南之服务项目：青少年改变世界的500多个服务主题》芭芭拉·A·刘易斯

The Kid's Guide to Service Projects: Over 500 Service Ideas for Young People Who Want to Make a Difference by Barbara A. Lewis

★《儿童指南之社会活动：如何解决你选择的社会问题——让创意付诸实践》芭芭拉·A·刘易斯

The Kid's Guide to Social Action: How to Solve the Social Problems You

Choose—and Turn Creative Thinking into Positive Action by Barbara A. Lewis

★ 《儿童指南之解决冲突》纳奥米·德鲁，硕士（领导者指南类参考书）
The Kids' Guide to Working Out Conflicts by Naomi Drew，M.A.（a Leader's Guide is available）

★ 《勇气少年：青少年自我改变的真实故事》芭芭拉·A·刘易斯
Kids with Courage: True Stories About Young People Making a Difference by Barbara A. Lewis

★ 《青少年生活清单：成长、相处、学习和娱乐的技巧、步骤、提示和入门指南》帕米拉·埃斯普兰德
Life Lists for Teens: Tips，Steps，Hints，and How-Tos for Growing Up，Getting Along，Learning，and Having Fun by Pamela Espeland

★ 《真实的孩子，真实的故事，真实的改变：勇敢者的全球行动》加思·桑登
Real Kids，Real Stories，Real Change: Courageous Actions Around the World by Garth Sundem

★ 《学校的权力：在学校取得成功的学习技巧策略》珍妮·夏恩·舒姆博士（仅供电子版）
School Power: Study Skill Strategies for Succeeding in School by Jeanne Shay Schumm，Ph.D.（eBook only）

★ 《展示自我！每个孩子的指南——个人力量和积极的自尊心》格森·考夫曼博士，列弗·拉斐尔博士和潘美拉·艾斯贝兰（教师

指南类参考书）

Stick Up for Yourself! Every Kid's Guide to Personal Power and Positive Self-Esteem by Gershen Kaufman, Ph.D., Lev Raphael, Ph.D., and Pamela Espeland（a Teacher's Guide is available）

★《告诉孩子什么才是重要的：压力、个性、情感、人际关系、家庭和未来的实用讨论手册》森德·彼得森博士

Talk with Teens About What Matters to Them: Ready-to-Use Discussions on Stress, Identity, Feelings, Relationships, Family, and the Future by Jean Sunde Peterson, Ph.D.

★《你为何坚持？青少年：个性塑造指南》芭芭拉·A·刘易斯

What Do You Stand For? For Teens: A Guide to Building Character by Barbara A. Lewis

★《怎样培养成功的孩子：塑造自己未来的命题和实践方法》彼得·L·本森博士，朱迪·加尔布雷斯硕士和帕米拉·埃斯普兰德

What Teens Need to Succeed: Proven, Practical Ways to Shape Your Own Future by Peter L. Benson, Ph.D., Judy Galbraith, M.A., and Pamela Espeland

索取当前目录，写信或打电话：

自由精神出版社

第五大道北街217号，200区

明尼阿波利斯市，明尼苏达州，邮编55401-1299

明尼阿波利斯/圣·保罗：（612）338-2068

电子邮件: help4kids@freespirit.com

www.freespirit.com

Free Spirit Publishing Inc.

217 Fifth Avenue North，Suite 200

Minneapolis，MN 55401-1299

Toll-free telephone: 1-800-735-7323

In Minneapolis/St. Paul：（612）338-2068

email: help4kids@freespirit.com

www.freespirit.com

《孩子心中的10类好爸爸》

北京理工大学出版社　作者：童世军　定价：36.00元

编辑推荐：

本书将孩子们喜欢的好爸爸分为10类，如健壮硬汉型、财富充裕型、榜样带头型、成熟稳重型、乐观坚强型等，为爸爸们提供了诸多可供参考的好爸爸榜样，让每一位爸爸都能看到自己属于或有望成为哪种好爸爸，发掘自身的潜质，成为孩子心中的好爸爸。

本书结合了生活中爸爸们的实际情况，为爸爸提供教育孩子的方法，指出多条解决亲子问题的途径。这使本书有很强的针对性和实用性，希望能对处在迷茫、无措、焦虑中的爸爸们有所帮助和启发。

发行部：李征010-68944437　　　　销售部：张萌010-68944453

《孩子心中的10类好妈妈》

北京理工大学出版社　　作者：童世军　　定价：36.00元

编辑推荐：

  本书将孩子喜欢的好妈妈分为10个类型，如自信型、顾家型、慈爱型、朋友型等，让每一位妈妈都能看到自己属于或有望成为哪种好妈妈，学习众多好妈妈的育儿经验，发掘自己的潜质，弥补自身不足，以改善自己与孩子的相处方式，成为孩子心中的好妈妈。

  本书提供了丰富翔实、可读性强的经典案例，为每一位妈妈提供了理想的参照物，让她们用更广阔、更深入的视角观察孩子的日常行为和内心世界，从根本上把握与孩子的相处之道，让孩子从妈妈身上获得更多有益的做人做事方法。

发行部：李征010-68944437　　　　销售部：张萌010-68944453